国家出版基金项目
NATIONAL PUBLICATION FOUNDATION

第五卷
新国学论集

王富仁 学术文集

王富仁 ◎ 著
李怡 宫立 ◎ 编

山西出版传媒集团
北岳文艺出版社
·太原

图书在版编目（CIP）数据

王富仁学术文集.5，新国学论集／王富仁著；李怡，宫立编.—太原：北岳文艺出版社，2021.5
ISBN 978-7-5378-6354-4

Ⅰ.①王… Ⅱ.①王…②李…③宫… Ⅲ.①王富仁—文集②五四运动—文集 Ⅳ.①C52②K261.107-53

中国版本图书馆CIP数据核字（2021）第004291号

王富仁学术文集.5·新国学论集
王富仁 著
李怡 宫立 编

//

策划	出版发行：山西出版传媒集团·北岳文艺出版社
续小强	地址：山西省太原市并州南路57号 邮编：030012
王朝军	电话：0351-5628696（发行部） 0351-5628688（总编室）
	传真：0351-5628680
项目负责人	经销商：新华书店
王朝军	印刷装订：山西人民印刷有限责任公司
高海霞	开本：787mm×1092mm 1/16
责任编辑	总字数：3557千字
庞咏平	总印张：238.75
书籍设计	版次：2021年5月第1版
张永文	印次：2021年5月山西第1次印刷
	书号：ISBN 978-7-5378-6354-4
印装监制	总定价486.00元（全12册）
郭 勇	

本书版权为本社独家所有，未经本社同意不得转载、摘编或复制

目　录

"新国学"论纲（上） ………………………………… 001
"新国学"论纲（中） ………………………………… 054
"新国学"论纲（下） ………………………………… 099
"新国学"与中国现代文学研究 ……………………… 150
新国学·文化的华文文学·汉语新文学 …………… 169

"新国学"论纲（上）

一

"新国学"不是一种学术研究的方法论，不是一个学术研究的指导方向，也不是一个新的学术流派和学术团体的旗帜和口号，而只是有关中国学术的观念。它是在我们固有的"国学"这个学术概念的基础上提出来的，是使它适应已经变化了的中国学术现状而对之做出的新的定义。

"国学"是在20世纪初年，为了将中国学术同西方学术区别开来而产生的一个学术概念。再早有晚清知识分子开始使用的"中学"和"西学"，但那时的"中学"，主要意指由宋明理学家系统化和条理化了的传统儒家的伦理道德学说，而"西学"则主要意指当时中国知识分子更加重视的西方现代科学技术成果。正是在这样一种理解的基础上，晚清知识分子将"中学"概括为"道"，而将"西学"概括为"器"，被后来人称为"复古派"的官僚知识分子坚持的是重"道"轻"器"的文化观念，并以这样的观念拒绝和排斥西方现代的科学技术成果，而被后来人称为"洋务派"的官僚知识分子则在强调"器"的作用的前提下主张学习西方的现代科学技术，用西方现代科学技术的手段达到"富国强兵"的目的。可以说，正是"中学""西学"这两个概念的划分，将中国的学术推进到了一个全新的历史发展阶段。我们看到，直至现在，代替

"中学"这个概念的"中国文化"和代替"西学"这个概念的"西方文化",仍然是中国学术的两个关键词,构成了中国现代学术的基础构架。我们学术上的几乎所有重大分歧,当发展到一定程度,就会归结到"中国文化"和"西方文化"及其关系的问题上来,并且一旦回到这个基本问题上,彼此的对话就中止了,就没有进一步讨论的余地了。我认为,我们现当代学术研究所遇到的很多问题,都与从那时就已经形成的这个基础的学术构架有关。学术研究的大忌就在于基础概念的模糊,而这两个基础概念本身就是极为模糊的。它们可以有各种不同的定义方式,这各种不同的定义方式又是建立在各不相同的感受和理解的基础之上的。

中国近代史上的"中学"和"西学"之争,在我们流行的历史描述中,是以洋务派的胜利和复古派的失败而告终的。但我认为,洋务派对复古派的胜利,实际只是现实政治实践层面上的胜利,而不是思想和理论上的胜利。在理论上,洋务派并没有、也不可能从根本上颠覆复古派重"道"轻"器"的思想,因为洋务派自己也是重"道"轻"器"的。张之洞提出的"中学为体,西学为用",是对洋务派文化思想的最完整的表述。在这里,"体"是自主的,"用"则是从属的;"体"不是为"用"而存在,而"用"则是为"体"存在的。它重视的还是"道",只不过他认为西方的科学技术成果不但不会削弱"道",削弱中国的伦理道德秩序,还会巩固和加强"道",巩固和加强中国的伦理道德秩序。后来的事实证明,西方科学技术成果的引进,不但没有起到这种作用,反而一次次冲击和破坏着中国固有的伦理道德秩序,一次次轰击和动摇着我们对"道"的传统的理解。其中固然有我们过去着重宣扬的正面的效应,但同时也有我们至今常常讳言的负面的效应。导致洋务派这种文化"短视"的原因是什么呢?在理论上,是由于它的"体"和"用"的二元论:它的"体"不是它的"用"之"体",它的"用"也不是它的"体"之"用"。在这里,洋务派实际是用张冠李戴的方式实现了自己理论表面上的统一性。假若我们仅仅从学术的意义上理解晚清洋务派与复古派的思想论争,它涉及的实际是中外历史上普遍存在的一个带有根本性的理论问题:在中国固有的理论体系中,它指的是"德"与"智"的关系的问题;在西方的理论体系之中,它指的是"善"与"真"的关系的问

"新国学"论纲(上)

题;在我们当前的学术体系中,它指的是科学技术和文学艺术、人文科学的关系的问题。智力的发展一定会促进人类道德的完善吗?真理的认识一定会净化人的心灵吗?科学技术的发展一定能够提高人的人文素质吗?对于这些问题,洋务派知识分子没有做出回答,也不想做出回答。这使他们在理论上反而失去了复古派所坚持的中国传统儒家伦理道德体系的统一性和完整性,并在实践上具体表现为单纯的物质主义、技术主义和唯智主义的倾向。在洋务派官僚掌权期间,伴随现代科学技术的发展,同时也迅速地发展着官僚集团的腐败和社会伦理道德秩序的瓦解。所以,洋务派对于复古派的胜利不是理论上的胜利,而只是现实政治实践层面上的胜利。它的实质意义在于,在中华民族遇到西方帝国主义的强权侵略的时候,发展现代科技、发展现代工业、发展现代军事已经成为国家政治事业不可回避的重要任务。即使从维护自己政治统治权力的角度,中国的政治统治集团也不得不重新调整自己的政治统治策略,也不得不重视对西方现成科学技术成果的吸纳和运用。这形成了与中国传统国家观念不尽相同的中国近现代的国家观念。传统伦理道德仍然是中国近现代国家建构的主要思想基础,但传统的小农经济已经无法支撑一个庞大的现代国家。这导致了中国近现代国家政治实践上的分裂趋势。洋务派思想在理论上的这种不完整性、不统一性,反映的恰恰是中国近现代国家政治实践上的矛盾和分裂。

在过去,我们常常用"复古""守旧""保守"批判晚清复古派知识分子,但这种批判在理论上是毫无力量的,因为"复古""守旧""保守"都不是绝对的贬义词,都不等同于错误。一个社会需要发展变化,也需要稳定团结;需要滑动力,也需要摩擦力。在中国近现代历史发展过程中,"复古""保守""守旧"起的就是社会摩擦力的作用,就是维持社会相对稳定的政治局面的作用。在中国固有的伦理道德体系中,"道"体现的是社会关系的整体和谐状态以及为实现这种状态对各种不同的人所提出的不同要求,"器"只是为了实现并维护这种社会状态所使用的方式或工具,它的作用是融化在"道"之中的,"道"在"器"在,"道"失"器"失,"器"在"道"中,"器"不离"道","器"并没有自己独立的价值和意义。所以,复古派在政治实践上的失败并不意味着它在理论上的失败,"道""器"合一仍然是中国知识分子无法放弃的理想,这使晚清复古派的思想在后来的中国历史上还将以新的形式不断出现,并经常以中国文化代言人的身份出现在世界文化舞台上。我认为,晚清复古派知识分子的失败不在于他们的"复古""保守"和"守旧",不在于他们反对改革、消极地维持现实社会的统治秩序,而在于他们没有可能有效地起到这种作用。在这里,原因是多方面的,仅从学术思想的角度,则是因为他们也同当时洋务派知识分子一样,仅仅停留在当下现实政治实践的层面,而没有将其上升到学术的、理性思想的高度。"知己知彼,百战不殆"是中国战略思想中的一句名言。复古派知识分子要想有效地抵制西方的科学技术,就必须首先了解西方的科学技术,而他们是在根本缺乏起码的科学技术知识的条件下批判西方的科学技术的。这就使他们的反对毫无力量,并且随着西方科学技术成果的广泛应用,连他们自己也无法实践自己的思想主张,他们的思想也就无法深化发展为一种哲学,一种学术。在他们的思想运作中,传统的夷夏之辨的观念起到了严重的破坏作用。学术的意义就在于认知,对于中国知识分子而言,不论对西方以及西方文化持有什么样的具体态度,都必须建立在认知的基础上,都必须是感受、了解、思考、研究的结果。放弃了认知,就放弃了学术。而传统夷夏之辨的观念却极其简单地取消了对西方及其文化的认知,这使复古派知识分子在与洋务派知识分子的思想论争中处于极其不利的地位。当他们失去了现实政治权力的支持,就没有任何实际的思想力量了。

晚清洋务派和复古派在其思想主张上是对立的,但在其特点上则是相同的:他们的思想都仅仅停留在当下政治实践需要的层面上,而不具有真正理论的意义和学术的价值。他们几乎都是官僚知识分子,而在中国固有的政治体制中,臣下是为维护皇帝的政权而服务的,是为皇帝出谋划策的,所以他们的思想主要停留在治国方略的层面上,奏折在那时的文体形式中占有重要的地位。更为严重的是,这种在政治体制内的学术论争,常常只是政治权力斗争的一种表现形式,论争的胜负并不取决于思想的征服力,而取决于政治权力的大小,这局限了他们思想的正常发展和充分表达。中国近现代学术在他们那里开始萌芽,但还没有成长起来。仅就学术而言，世界地理学的发展是洋务派文化中最具有现代性质的学术成就。魏源的《海国图志》、徐继畬的《瀛环志略》、姚莹的《康輶纪行》等等，反映着中国知识分子认识世界的愿望及其现实视野的扩大，从而也为中国近现代学术的继续发展奠定了基础。同文馆课程设置上的改革，京师大学堂的建立，外国留学制度的制定，仍然是实践层面的政治举措，但对此后中国学术的发展却有关键的意义。除此之外，他们的大多数学术成果仍然属于中国传统学术的范畴，还需要在传统学术的框架内理解其实际的意义和价值。

二

中国近现代学术的重新起步是在维新派知识分子那里实现的。维新派知识分子之所以开始重视学术，是因为他们在野的社会地位，是因为他们处在在野的地位而关心着国家的前途和命运。他们首先面对的是与他们具有平等地位的在野知识分子，其中有一些则是他们的学生。面对他们，这些维新派知识分子不但要申述自己的主张，更要广泛申述自己思想主张的根据，以与各不相同的读者和听众实现思想的沟通。我认为，正是作者对现实世界的关切以及与读者这种平等的交流关系，产生了中国近现代的学术。

康有为、梁启超、谭嗣同在学术思想和学术风格上各有自己的特点，但作为维新派的学术，他们又有共同的特征。首先，他们基础的文化资源是中国古代的正统文化，这不但是他们的思想赖以产生的基础，同时也是他们与自己的读者或听众共同拥有的文化资源，是他们与其读者或听众进行学术对话的主要载体。康有为的《新学伪经考》《孔子改制考》《大同书》，谭嗣同的《仁学》以及梁启超的很多作品，都是以重新解读中国古代正统文化为表现方式的。第二，他们的主要思想观念是进化论的，是主"变"的。西方进化论的思想与中国古代法家变法施治的思想消融在他们改革现实政治的愿望中，构成了他们自己的维新思想。第三，他们为中国社会虚拟了一个理想的方案，西方政治制度是在他们虚拟这个理想方案的过程中被纳入到他们的文化思想构架的。他们的社会活动和学术事业都是为了这个方案的具体实现，这就使他们的学术带上了明显的政治宣传的特征。

与康有为、梁启超、谭嗣同的学术活动平行发展的是严复。假若说康有为、梁启超、谭嗣同主要是在重新解读中国古代正统文化的过程中表达了自己社会政治改革的愿望的，严复则是在感受、了解、认识西方学术的基础上建立起自己的文化观念和学术观念的。康有为、梁启超反映的是中国知识分子改革社会的愿望，严复反映的则是中国知识分子求新知的愿望，了解西方、了解西方的学术的愿望。我认为，在严复的文化思想中，始终并列着两种不同的学术：中国的学术和西方的学术。他把西方的学术就视为西方的学术，而把中国的学术就视为中国的学术，它们都主要是知识层面上的东西。他试图沟通这两种不同的学术体系，但没有像康有为、梁启超那样将两者混合起来。

假若说康有为、梁启超、严复等人的思想更是社会学意义上的，王国维的思想则更是美学意义上的；假若说康有为、梁启超、严复等人的思想更是知识层面上的，王国维的思想则更是情感感受层面的。中国文化是有着几千年悠久传统的文化，清王朝是有着几百年漫长历史的封建王朝，作为一个中国知识分子，自幼就把中国文化作为一种具有最高价值的文化，自幼就把忠君爱国作为自己最高的人生价值，但历史的变迁却突然轰毁了这种理想，连在自己的感觉中，也已经直感到中国文化在西方文化冲击下日趋衰败的大趋势，也已经感到了清王朝覆灭的历史命运。在这种历史的趋势面前，个人是无力的。旧的在崩溃着，新的却还不知是祸是福。这该是一种怎样的怅惘和悲哀！王国维没有像很多中国知识分子那样闭上眼睛不愿看到中国固有文化传统的衰弱，也没有像很多中国知识分子那样以欣赏的态度看待自己民族及其文化的危机，这说明他属于那种用感情拥抱着自己的民族和自己的民族文化的知识分子。我认为，正是他的这一特质，使他成为中国第一个真正能够感受并体验到悲剧之美的学者，成为第一个真正能够感受并体验到《红楼梦》的杰出美学价值的中国学者，成为第一个真正能够感受并以自己的方式理解叔本华哲学的中国学者。在这个方面，恐怕是后来很多美学学者也不可企及的。他的意境说是对诗歌美学的杰出贡献，不但在中国美学史上具有自己独立的地位，即使在世界诗歌美学史上，也应该有其独立的价值。在他那个时代，他是真正把目光转向中国古代非正统文化的学者，这使他成了中国第一个中国戏剧史专家。他还是最早进行甲骨文、金文研究并有卓越贡献的学者之一。在对悲剧美学的领悟上，他直接连接着鲁迅所开启的新文学悲剧美学传统。

在这里，我们还不能忽视孙中山在中国近现代国家政治学说上的贡献。在过去，我们主要将他的三民主义理论视为西方政治制度影响下的产物，但从另外一个方面，我们不也可以说，他的民族主义反映的正是中国人在西方帝国主义的强权侵略面前求自强自立的愿望吗？他的民生主义反映的不正是中国民众求温饱、求生存、求发展的愿望吗？他的民权主义反映的不正是像康有为、梁启超、孙中山这些在野知识分子希望参政、议政、发挥自己社会作用的愿望吗？所以，在这里，不仅仅是西方文化和东方文化的关系问题，更是中国知识分子面对现代世界会产生什么样的思想愿望的问题。正是这样的愿望，把孙中山对国家政治的理解推到了现代国家学说的高度。可以说，从孙中山开始，中国的政治家才开始有了自己独立的国家观念和政治观念，而在中国古代，中国的政治家是把像孔子这样的知识分子的社会理想作为自己的思想理想和执政方针的。我认为，迄今为止，孙中山的三民主义仍然是全面揭示了中国现代国家应有的本质特征的国家政治学说。民族主义的国家立场，民生主义的经济目标，民权主义的政治体制，应该是中国现代国家区别于中国古代国家的三个最基本的特征。

三

"在此清学蜕分与衰落期中，有一人焉能为正统派大张其军者，曰：余杭章炳麟。"[1]

梁启超这句话，包括有相连的两层意思：晚清学术是在整个清代学

---

[1] 梁启超：《清代学术概论》，载《梁启超论清学史二种》，朱维铮校注，复旦大学出版社，1985，第77页。

术分裂和衰弱的趋势中发展起来的，那些为梁启超所认为有成就的维新派和革命派的知识分子，大都是在反叛清代学术传统的基础上发展了自己的思想和学术的，而独有章太炎继承着清代学术传统而又是卓有成就的学者。在这里，使我们看到学术发展绝不是只有一条道路，而是有着多种途径，而就其与传统的关系而言，则有反叛传统和深化传统两条不同的道路。为什么会出现这种情况呢？我认为，我们所说的学术，实际上有两个并不完全相同的层面：其一是知识的层面（包括现实经验和已有的理论知识两类），其二是主体精神的层面。从晚清开始的中国学术革命，是在中国知识分子越来越多地接触到西方及其文化知识的过程中发展起来的，直至现在，绝大多数的中国知识分子，还主要是在这样一个知识层面上接受西方文化并意图革新中国文化的：他们通过对西方的了解认识到现代科学技术的力量，于是就在中国提倡现代的科学技术；他们通过对西方的了解认识到民主制度的优越，于是就在中国宣传西方的民主制度；他们在西方的哲学中接受了实用主义，就在中国提倡实用主义哲学；他们在西方文学中接受了现实主义，就在中国提倡现实主义文学……所有这一切，都扩大了中国知识分子的文化视野，为中国文化的发展开辟了新的发展道路，也大大地革新了中国的学术。但只有这种知识层面的革新，中国文化的发展变化还可能是浮面的，外在的变化大于内在的变化，形式的变化大于内容的变化，言辞的变化大于人格的变化，并且一遇挫折，便生变化，"觉今是而昨非"，呈现着学术无"根"、飘浮多变的状况。而另有一种变化，主要不是来源于知识层面的变化，而更来源于主体精神上的变化。这种变化，并不一定依靠新的知识的注入，而完全可以在固有知识结构内发生。当一个学者以一种不同流俗的独立精神感受和认识固有的文化传统的时候，固有的文化传统同样会以新的面貌出现在他的面前。这种学术成果不是在任何现成的理论学说、方法论或知识元素的基础上建立起来的，但同样具有从传统内部改变其结构形式、引起固有学术传统革新的作用和意义，并且体现着研究者个人的独立精神追求。具体到清代学术发展史上来说，清代学术同时反映着两种不同的内在倾向，一是政治上的妥协倾向，一是学术上的执着精神。清王朝是在异族军事侵略的基础上建立起来的，依照汉族知识分子传统的国家观念和道德观念,是不能承认这样一个政权的合法性的,但汉族知识分子向来的"修、齐、治、平"的社会价值观念和读书做官的人生理想,使他们中的多数人不能不到这个异族的政权之下求取仕进,而一旦进入这个政治体系之中,儒家忠君爱国的思想传统便把他们牢牢地束缚在这个异族的政权之中,成为这个政权的附庸。就其整体而言,我们完全可以说,有清一代的汉族知识分子是中国历史上最软弱、最没有骨气的知识分子群体,他们的学术也只是他们在异族政权统治下仍能获得自我生存价值和意义感觉的一种半政治性或非政治性的事业。在这个意义上,清代学术本身就是异族政治压迫下的产物,包含着汉族知识分子向异族政权妥协的倾向,但这种妥协并不是民族意识的泯灭,而是民族意识的变形,它依然极其曲折地反映着清代知识分子内在的民族意识及其对清王朝异族政治统治的离心倾向。中国传统的书面文化,是以"经""史"为主体的。立于"经""史"起到的也是阐发经义的作用。"以史为鉴",从历史中总结出的是治国之道、做人之理,是"经"所直接宣扬的伦理道德信条;立于"史""经"也是一种历史的文本。"六经皆史",从"经"中读到的也是历史。宋明理学是重"经"的,它具体阐发和宣扬的是"正心、诚意、修身、齐家、治国、平天下"的儒家伦理道德信条,这些信条以"忠君爱国"为总纲领,对于维系现实政治的统治秩序有着直接的作用和意义,构成的是汉族知识分子和汉族政权在思想上的直接呼应关系,它是以现实政权的长治久安为基本目标的。清朝最高政治统治者直接继承着宋明理学传统,将宋明理学继续作为维护自己统治地位的思想纲领,并将其作为学校教育的基本内容和科举取士的主要标准。但对于清代的汉族知识分子,这个政权已经不是本民族的政权,"经"和"史"的意义有了细微但却重要的差别。同是儒家文化,从"经"的角度,就是维系现实政治关系的,就是直接为清王朝政治统治服务的,忠君爱国就意味着必须忠于当下的异族之君,爱当下的异族之国,而从"史"的角度,它则是汉民族的历史和文化,它负载的就是汉民族的民族记忆。在从宋明理学到清代实学的学术转变过程中,起到关键作用的是顾炎武、黄宗羲、王船山诸人,而他们都是具有强烈民族意识的学者。对于他们,儒家文化是中国固有的文化传统,是他们思想的渊源，也是他们的思想旗帜，但他们意识中的儒家文化，却不是清王朝自觉推行的那种儒家文化，其目的不是为了维护现实的政治统治秩序。这就使他们与宋明理学家有了内在的差别。我认为，由理学向实学的转变反映的正是清代汉族知识分子这样一个思想的脉络。他们更多地离开了伦理学、道德学而转向了文字学、音韵学、训诂学、校勘学、考古学等等，其研究范围也从儒家文化经典拓展到历史学、诸子学和各种不同的古代文化典籍。"至乾嘉之世，清室君有天下，已逾百年，威立而政宁，汉人已安于其治，且文网严密，士大夫讳言本朝事。于是学者群趋于考据一途，为纯学术的研究，而声音训诂之学，遂突过前代"[1]，这是从清代知识分子的政治妥协倾向而言清代的学术。但清代的学术到底不完全等同于清代汉族知识分子的政治态度，它还是前代学者开创的一个新的学术传统，而在这个传统中就是包含着汉族知识分子的民族意识的：即使不是他们的集体有意识，至少也是他们的集体无意识。它的发展同时也意味着汉族知识分子与异族政治权力的心理距离的扩大。到了戴震和章学诚，清代实学从两个方向上更加严重地背离了宋明理学：戴震提出"酷吏以法杀人，后儒以理杀人"的口号，公然揭出了反理学的旗帜；章学诚则明确提出"六经皆史"的口号，用历史的意义置换了宋明理学的道德学的意义。也就是说，在政治反抗的力度上，较之早期的顾炎武、黄宗羲、王船山等人，他们显然是大大弱化了，但在思想和学术反抗的力度上，他们则大大强化了。而从学术实践对知识分子人格的塑造来看，清代实学重考证，重谨严，精审明辨，无征不信，一丝不苟，养成的是虽不灵活但也不油滑，虽不宏大但也不巧滑的知识分子人格，与在异族政权中形成的阿谀奉承、阳奉阴违、敷衍塞责、油滑多变的官僚作风恰成鲜明的对照。这种政治上的妥协倾向和学术上的执着精神的怪诞结合，在章太炎的老师俞樾身上表现得极为典型，但这种学术上的执着精神一旦与政治上的民族意识结合在一起，政治上的妥协倾向就会转变为政治上的决绝的反抗。章太炎自幼接受的是

---

[1] 齐思和：《魏源与晚清学风》，载《中国哲学思想论集·清代篇》，台湾水牛出版社，1988，第241页。

"新国学"论纲（上）

清代正统学术的教育和训练，后在诂经精舍苦读八年，在他毅然离开诂经精舍投身维新运动和革命运动之前，几乎没有接触过西方的思想学说，更莫说受其影响。也就是说，他是在本民族文化传统中获取其思想动力的。这种思想动力不是某种新的经验、新的知识、新的思想学说，而是一种独立不倚的主体精神。当这种精神发展起来，不但在政治上由妥协走向反抗，在学术上也超越了他的学术前辈，具有了革命性的转变。

我认为，在章太炎学术思想的形成过程中有下列几点是值得我们注意的：首先，章太炎从少年起就脱离了科举考试的道路，这是他能够将清代的实学完全从宋明理学乃至整个传统儒学中独立出来，提高到"国学"高度的一个重要原因。清代的实学虽然早已形成了一个学术体系，但它一直笼罩在传统儒家思想学说之中，是作为与宋明理学不同的一个儒家文化的学术派别而出现的，这与儒家文化在中国社会的独尊地位有关，也与汉族知识分子自觉追求的仍然是出将入相、辅佐君主实现"修、齐、治、平"的社会理想和光宗耀祖、读书做官的人生理想有关。而只要企图沿着科举考试的道路走进官场，传统儒家的伦理道德观念以及与此相联系的礼教制度就成了中国知识分子应当首先具备的道德、才能和知识。当章太炎放弃了仕进之路，他的求学也就只是为了求知，而在求知的目的下，儒家文化典籍只是中国古代大量文化典籍中的一部分，儒家的思想学说也只是中国古代诸子百家中的一种，它们之间的关系也成了平等的关系。在这时，也只有在这时，清代实学才不再是传统儒家文化的附庸，而成了考察和研究中国古代文化的一种方式和角度。第二，当章太炎自觉不自觉地以平等的态度对待中国古代各种不同的文化典籍的时候，他的人格理想也不再仅仅是儒家的孔颜人格模式。他在1898年2月给李鸿章的上书中曾经谈到，他从十七岁开始，最重视的就是荀子、司马迁、刘向三人，此外则有盖宽饶、诸葛亮、羊祜和黄宗羲。①必须看到，这种人格理想的变化，对于一个人文学者的学术研究是有根本的影响的，如果说传统儒家文化更重视的是现实人伦关系层面的

---

① 参见章太炎：《上李鸿章书》〔1898年2月〕，载《章太炎政论选集》上册，汤志钧编，中华书局，1977，第53页。

言行表现以及与此相适应的心理素质，那么，章太炎重视的则更是人的意志层面的气质和精神，他是以此为标准来考察整个中国文化以及中国知识分子的精神价值的，这使他的学术研究具有了鲜明的个性特色。第三，章太炎的主要思想基础是民族主义的，其实质就是清代学者在学术研究活动中自然蕴含着的民族主义意识的进一步发展，是有清一代汉族知识分子的集体意识或集体无意识的由内向外的爆发。章太炎后来曾说："种族革命思想，原在汉人心中，惟隐而不显耳。"[1]这说明他在没有走上反清革命道路的时候，已经从自己的学术前辈那里感受到汉族知识分子的民族情绪，只是因为自身的软弱而难有所为罢了。所以，他的民族主义较之当时所有其他汉族知识分子的民族主义具有更加深厚的中国文化基础，这种民族主义一旦与强毅的主体精神相结合，就显现出强大的精神力量。我认为，这是他能够同时成为一个革命家和学者的主要原因。第四，章太炎参与维新运动和革命运动之后的文化视野已经不仅仅局限在中国固有文化传统内部，他对西方文化的了解帮助他完成了对中国传统文化的整体认知。他与五四新文化运动及其以后的"西化"派知识分子的区别仅仅在于，他企图在中国古代文化的资源中找到中国知识分子的精神支柱，而这种精神支柱实际就是他从清代实学传统中积聚发展起来的民族意识和民族精神。

四

早在旅居日本、主编《民报》的时候，章太炎就开始举办国学讲习会、国学振兴社，并为设在上海的国学保存会机关刊物《国粹学报》撰文。1908年，他为留日的中国学生讲授中国古代文化典籍，听讲的有鲁迅、钱玄同、周作人、黄侃、许寿裳、朱希祖、龚未生、汪东等人。关于"国学"，《民报》第7号所载《国学讲习会序》中说：

---

[1] 朱希祖：《本师章太炎先生口授少年事迹笔记》，载《制言》第25期"太炎先生纪念专号"。

"新国学"论纲（上）

> 夫国学者，国家所以成立之源泉也。吾闻处竞争之世，徒恃国学固不足以立国矣。而吾未闻国学不兴而国能自立者也。吾闻有国亡而国学不亡者矣，而吾未闻国学先亡而国仍立者也。①

1910年，章太炎刊行了他综论中国学术的《国故论衡》，"叙书契之原流，启声音之秘奥，阐周秦诸子之微言，述魏晋以来文体之蕃变"②，"合起来，恰好涵盖其时'国学研究'的各主要领域。"③1913年8月11日，章太炎来到位于北京化石桥的共和党总部，遂被袁世凯幽禁于此。在此期间，章太炎在共和党本部的会议厅开办了"国学讲习会"。为了将他的"国学讲习会"与当时康有为、陈焕章等所创建的"孔教会"相区别，他亲手写了一个通告贴在门口说："本会专以开通智识，昌大国性为宗，与宗教绝对不能相混。"④1922年4月至6月，章太炎在上海第3次讲授"国学"，后由曹聚仁将讲稿整理成书出版，其名即为《国学概论》。其时已是五四新文化运动之后，因为章太炎在讲学中有对白话诗文的非议之词，遂招致了一些人的批评。但这些批评，多集中在为白话文革新进行辩护，而并非对章太炎国学研究价值的否定。正如邵力子所说："近年来，很有人怕白话文盛行，国学即将废绝，其实看了国学讲演会的情形便可释此杞忧。国学讲演会的听众，据我所知，很有许多人是积极地主张白话文的。做白话文与研究国学决不相妨……"⑤章太炎晚年又曾在苏州讲学，列名于苏州的国学会，后又另起炉灶，成立"章氏国学讲习会"，在他的苏州新居开班授课。与此同时，他还创办了《制言》杂志，发表国学研究成果……"国学"之成为中国现当代一个重要

---

① 汤志钧：《〈国学概论〉导读》，载章太炎《国学概论》，上海古籍出版社，1997。
② 陈平原：《〈国故论衡〉导读》，载章太炎《国故论衡》，上海古籍出版社，2003，第9页。
③ 陈平原：《〈国故论衡〉导读》，载章太炎《国故论衡》，第6页。
④ 金宏达：《太炎先生》，中国华侨出版社，2003，第232页。
⑤ 邵力子：《志疑》，载章太炎《国学概论》，第73—74页。

的学术概念，是与章太炎一生的努力及其卓越的学术贡献分不开的。

我们都是"做学问"的，所以常常把"做学问"当作人生的第一要事。实际上，不论是整个人类社会，还是一个民族，学术事业都只是全部事业当中的一项事业，它有其他事业所无法代替的独立价值和意义，却也无法代替其他各项事业。评价一个人，特别是评价像章太炎这样一个有着极为复杂的人生经历的人，要从他的全部人生活动中感受和理解他的学术活动，而不能以他的学术活动代替乃至抹杀他在其他事业中的贡献。假如从这样一个角度，我们就不能不同意他的学生鲁迅对他的基本评价："考其生平，以大勋章作扇坠，临总统府之门，大诟袁世凯的包藏祸心者，并世无第二人；七被追捕，三入牢狱，而革命之志，终不屈挠者，并世亦无第二人：这才是先哲的精神，后生的楷范。"[①]假若我们认为辛亥革命还是一个史无前例的伟大革命，假若我们知道这样一个革命离不开那些真正革命者出生入死的奋斗精神，我们就不能不认为章太炎的这些表现才是中华民族伟大精神的体现，也是中国知识分子伟大文化人格的表现。从章太炎自身精神发展的角度，我们也可以看到，他之所以从清代知识分子群体的阴影中走了出来，正是因为主体精神的发展为他的民族意识注入了强大的精神力量，从而摆脱了清代知识分子政治上的妥协倾向，走向了政治上的反抗。在政治反抗的道路上，他的思想也走出了清代知识分子的思想阴影，这具体表现在他那些论战文字之中。这些文字不但应当成为革命的文献，同时也开启着中国文化发展的新的道路。鲁迅说："我爱看这《民报》，但并非为了先生的文笔古奥，索解为难，或说佛法，谈'俱分进化'，是为了他和主张保皇的梁启超斗争，和'××'的×××斗争，和'以《红楼梦》为成佛之要道的'×××斗争，真是所向披靡，令人神旺。"[②]

[①] 鲁迅：《且介亭杂文末编·关于太炎先生二三事》，载《鲁迅全集》第6卷，人民文学出版社，1981，第547页。

[②] 鲁迅：《且介亭杂文末编·关于太炎先生二三事》，载《鲁迅全集》第6卷，第546页。

"新国学"论纲(上)

> 我以为先生的业绩,留在革命史上的,实在比在学术史上还要大。①

对于章太炎留在革命史上的业绩,我认为,是被我们过往革命史的研究所有意与无意地遮蔽了的。1949年以前的革命史的研究,是由民主革命阵营中孙中山派系以及追随这个派系的知识分子书写的,章太炎的革命业绩因其与孙中山派系的恩恩怨怨而不能不受到严重地遮蔽;1949年之后的革命史,是由中国的马克思主义者书写的,作为一个反满民族民主革命领袖之一的章太炎的业绩,也是不能不受到严重的遮蔽的。但无论如何,我认为,这样一个基本认识则是不容怀疑的,即作为一个革命者的章太炎,是走在时代政治的前列的,是具有前倾性的,而作为学术史上的章太炎,则是具有滞后性的,不是走在时代学术的前列的。假若说严复在时代政治历史上是具有滞后性的,而在时代学术历史上是具有前倾性的,而章太炎则与之恰恰相反。

在这里,我们必须追问的一个问题是:全人类以及一个民族的学术到底是做什么的?它在全人类以及一个民族的生活中扮演着一个什么样的角色?具有怎样的价值和意义?我认为,全人类的以及一个民族的学术不论怎样定义,它起到的都是理性地认识世界、把握世界的作用。它永远不可能最终地达到这个目的,但在这样一个目的意识的牵引下努力认识那些已经感觉到但却还没有纳入到我们理性认识框架之中、因而也时时干扰着我们心灵的安宁和现实选择的有效性的事物,则是大到人类小到一个人的基本欲望要求之一。全人类以及一个民族的学术事业就是在这种基本欲望要求的前提下产生和发展的。那么,在鸦片战争后的中国,干扰着我们中华民族的心灵安宁和现实选择有效性的主要是什么呢?是一个以狰狞的面目撞入我们视野的"西方"。不论这个"西方"是一个恶魔还是一个天使,或者既非恶魔也非天使,我们都要认识它、了解它,取得在现代世界生存和发展的基本能力。这是摆在中国知识分子以及整个中华民族面前的主要认识任务,而章太炎的学术活动在这个方

---

① 鲁迅:《且介亭杂文末编·关于太炎先生二三事》,载《鲁迅全集》第6卷,人民文学出版社,1981,第545页。

面所起的作用是极为微小的。除此之外，中国古代除正统文化之外，还存在大量非正统的文化典籍，其中也包括通过考古发掘新出土的古代文物资料，要完整系统地研究中国文化，这些文化成果也是不能忽视的。章太炎在这些新的学术空间的开拓上，显然是不如严复、王国维这些同时代的中国学者的。

但所有这一切，都不意味着中国古代正统文化已经不是中国知识分子和整个中华民族需要反复进行思考和研究的对象。中国古代正统文化之所以是正统文化，就是因为它是持续影响着中国古代知识分子并通过知识分子影响着整个中国文化、中国社会的文化传统，是中国文化中最具有稳定性、也最具有潜在生命活力的文化传统。中国古代的俗文化是在它的整体文化框架中得到滋生和发展的，那些被湮没或埋藏在地下的文物资料是在与这些流传下来的文化典籍的联系和区别中得到鉴定、感受、理解和认识的。它不是中国文化的根，但却是中国文化的核。中国文化的现代发展归根到底还必须表现在中国文化这个核的变化上，表现在中国正统文化的变化上。西方文化的影响如果无法带来中国文化这个核心部位的变化，它就只是中国固有文化传统的新的构成成分，起到的是加强中国固有文化传统的作用和意义；西方文化如果能够促进中国文化实质性的发展，这种发展归根到底也还是中国正统文化的发展，而不是西方文化这种外来因素的自身扩张。我认为，迄今为止中国近现代文化真正有实质意义的发展，都是通过重新回归传统的形式具体表现出来的，而在西方文化直接影响下所取得的暂时的发展和变化，则往往带有浮面的、虚矫的特征，一次次的文化回潮都会把这些发展的泡沫分流出去，而剩下的还是在这个过程中正统文化自身发生的那些微末的变化。正是因为如此，章太炎较之与他同时代的康有为、梁启超、严复、王国维等人的学术研究在表现形式上更为"陈旧"，但在质地上却更为坚实。

五

在章太炎之前，"国粹""国学"这样一些概念就已经出现在中国文化界。在章太炎这里，也同时运用着"国粹""国故""国学"这样

"新国学"论纲（上）

一些不同的概念，但严格说来，只有到了章太炎这里，"国学"这个概念才具有了真正学术的性质，它不再只是与"西学"相对举的一个大而无当的笼统概念，而有了一个不以西方文化的存在为逻辑前项的独立而又相对完整的文化系统。它述说的不是中国文化与西方文化有什么区别，而是回答的中国文化是什么样的文化的问题。这个系统不只是对中国古代各种不同文化成果的复述和陈列，不只是"国故"，同时还是章太炎以自己独立的文化观念重新梳理和结构起来的完整的系统。对所有这些文化现象，章太炎持的不是一律排斥的态度，但也不是一律赞扬的态度，其中有整合也有分析，有肯定也有批评，从而也远远超出了"国粹"这个概念所能概括的范围。也就是说，只有到了章太炎这里，"国学"才真正成了一种"学"，一种需要重新整理、感受、研究和认识的具有立体感的对象。

"弟近所与学子讨论者，以音韵训诂为基，以周、秦诸子为极，外亦兼讲释典。盖学问以语言为本质，故音韵训诂，其管籥也；以真理为归宿，故周、秦诸子，其堂奥也。"[①]他的《国故论衡》主要分为三个部分，其一是中国的语言文字，其二是中国的文学，其三是中国的思想。中国的语言文字以清代的学术成就为基础，以音韵为骨干；中国的文学以魏晋文章为楷模，以持理议礼为标准；中国的思想以先秦诸子学说为主要框架，并施以佛学的阐释。它们在横向上构成的是中国正统文化的一个完整的结构，在纵向上构成的是中国正统文化发展演变的一个动态过程。它是一个有空间规模的文化，也是一个有时间长度的文化，构成的是一个中国正统文化的有立体感的时空结构。章太炎一生的学术研究成果，都可以纳入到对这个文化结构的感受、理解和认识中来，都可以视为对这个文化结构的进一步丰富和充实。我认为，如果我们也像章太炎一样删去枝叶，仅留根干，它仍然是对中国古代文化核心结构的相当精确和深刻的描述。

在我们现在的语言论中，语言文字只是思想感情的交流工具，是文化的载体。似乎我们的思想感情可以用民族语言进行表达，也可以用外

---
① 章太炎：《致国粹学报社书》，载《国粹学报》己酉年第10号，1909年11月。

国语言进行表达；我们的文化可以装在这艘民族语言的船上，也可以装在那艘外国语言的船上。但在章太炎这里，却把民族语言提高到了中国文化的"本质"的重要地位上："古字至少，而后代孳乳为九千，唐宋以来，字至二三万矣。自非域外之语，如伽、佉、僧、塔等字，皆因域外语言声音而造。字虽转繁，其语必有所根本。盖义相引申者，由其近似之声，转成一语，转造一字，此语言文字自然之则也。于是始作《文始》，分部为编，则孳乳浸多之理自见。亦使人知中夏语言，不可贸然变革。"[①]也就是说，中国的语言文字，是一个由最初极少的古字逐渐孳乳衍生而成的，彼此构成的是一个完整的结构。每一个字词都与其他的字词有着特殊的关联，并形成自己繁多而又相对独立的意蕴与意味。中国语言文字所能表达的思想、感情、情绪和意味，是他种语言所无法完整地进行表达的，而他种民族语言所能表达的，中国语言文字也是无法完整地进行表达的。如果没有这样一个独立的语言体系，就再也没有别的东西可以将中华民族如此紧密地联系在一起。中华民族的民族性首先就表现在中华民族语言文字的独立性上。实际上，直至现在，我们所感到的中国文化的危机，仍然主要是中国语言文字的危机。假若中国人不把自己民族的语言当作自己的母语，假若中国知识分子劣于用民族的语言文字表达自己的思想感情而优于用外民族的语言文字表达自己的思想感情，也就意味着中国文化危机和中华民族的民族危机的到来；假若中国人只能使用外民族的语言文字，而不再使用中华民族的语言文字，也就意味着中华民族的解体。中华民族的民族性，首先孕育在中国的语言文字之中。

　　文学是中国语言文字孳乳得最为繁茂的一棵中国语言文字的大树。但是，这棵树有根干也有枝叶。枝叶可掉，根干却不能烂。根干不烂，枝叶会再生；根干一烂，枝叶终将枯萎腐烂。什么是中国文学的根干？主体的精神感受才是文学的根干。辞逮其意，气自舒卷，亦即文意自主体精神感受而生，文气随主体精神感受而动，生而不弃其根，动而不离其本，不把语言文字作为自己思想感情的装饰品，而是当作自己主体精

[①] 章太炎：《自述学术次第》，载《中国现代学术经典·章太炎卷》，陈平原编校，河北教育出版社，1996，第647页。

神自身的表现。正是在这样一个意义上，章太炎不取我们更加崇拜的唐宋诗文，而独标我们常常忽略的魏晋文章："魏晋之文，大体皆坤于汉，独持论仿佛晚周。气体虽异，要其守己有度，伐人有序。和理在中，孚尹旁达，可以为百世师矣。"[1]直至现在，我们可以看到，中国的文化、中国的学术、中国的文学，并不失之于质实无华，而是常常失之于谲诡浮夸。"出入风议，臧否人群，文士所优为也。持理议礼，非擅其学莫能至。"[2]追风逐流者多，有主见者少；臧否人群者多，自立立人者少；文化泡沫多，文化内涵少，在写作已经成为一个职业的现代社会上，必然是文化衰败的主要表现形式。

春秋战国时期是中国古代社会思想结构初步形成的时期，那时的一个主要特点是文化专制主义制度还没有形成，不同的知识分子可以更自由地表达自己的思想主张。这个文化结构虽然简单，但却是中国古代文化较为完整的框架。到汉代，儒家文化的独尊地位就开始形成，政治专制主义与文化专制主义开始携起手来，中国文化日渐繁荣，但其结构的完整性却已不如先秦，这造成了中国文化发展的日趋畸形化。到宋明理学，把中国古代的文化专制主义发展到极致，被改造了的儒家文化几乎完全占领了教育阵地，科举制度为儒家文化的绝对统治地位提供着政治和经济的保障，虽然其中也不乏对文化专制主义的反抗，但与春秋战国时期百家争鸣、百花齐放的文化局面比较起来，到底是不利于不同思想流派的形成和发展的。章太炎以春秋战国诸子百家的学说为基础，用外来的佛学补充说明先秦的诸子学，并通过条理各家各派的思想概念而重新建构中国古代的思想结构，我认为，是极为深刻的。到了后来，胡适反对章太炎用《汉书·艺文志》"诸子出于王官"的说法评论先秦诸子的思想，专门写了《诸子不出于王官论》[3]，但在章太炎那里，却也通过这

---

[1] 章太炎：《国故论衡》，载《中国现代学术经典·章太炎卷》，陈平原编校，河北教育出版社，1996，第79页。

[2] 章太炎：《国故论衡》，载《中国现代学术经典·章太炎卷》，第78页。

[3] 胡适：《诸子不出于琯论》，载《胡适文集》第2卷，欧阳哲生编，北京大学出版社，1998。

样一种说法将先秦诸子的各种学说平等化、结构化了：儒家者流，盖出于司徒之官；道家者流，盖出于史官；阴阳家者流，盖出于羲和之官；法家者流，盖出于理官；名家者流，盖出于礼官；墨家者流，盖出于清庙之守；纵横家者流，盖出于行人之官；杂家者流，盖出于议官；农家者流，盖出于农稷之官；小说家者流，盖出于稗官。"惟其各为一官，守法奉职，故彼此不必相通。《庄子·天下》篇云：譬如耳目鼻口，皆有所明，不能相通，是也。"①这样，先秦诸子的学说就都获得了一个平等的地位，并且构成的是与当时的社会政治结构相对应的一个相对完整的社会政治文化结构。其中一个显著的特点则是把儒家文化从独尊的地位上解放出来，但却没有从根本上否定儒家文化自身的独立价值和意义："儒家之病，在以富贵利禄为心……其教弟子也，惟欲成就吏材，可使从政……君子时中，时伸时绌，故道德不必求其是，理想亦不必求其是，惟其便于行事则可矣。用儒家之道德，故艰苦卓厉者绝无，而冒没奔竞者皆是。俗谚有云：'书中自有千钟粟。'此儒家必至之弊……彼耶稣教、天方教，崇奉一尊，其害在堵塞人之思想，而儒术之害，则在淆乱人之思想……虽然，孔氏之功则有矣，变礼禨祥神怪之说而务人事，变畴人世官之学而及平民，此其功亦复绝千古。"②

六

晚清复古派和洋务派文化思想是在清廷官僚知识分子的分化中产生的，他们在朝的社会地位决定了他们的文化思想主要停留在为清代政治统治集团确定现实政治统治方略的层面上，其作用也是直接现实性的、政治功利主义的，不具有真正的学术性质，因为他们并不需要对任何一个对象做出自己独立的思考和研究，也不需要通过自己独立的思考和研

---

① 章太炎：《诸子学略说》，载《中国现代学术经典·章太炎卷》，第482页。
② 章太炎：《诸子学略说》，载《中国现代学术经典·章太炎卷》，第482—484页。

"新国学"论纲（上）

究获得对任何一个事物的独立认识，他们所要确定的只是"以谁为师"的问题：是以中国固有的圣贤遗训为师呢，还是以科技发达的西方为师呢？清末民初中国知识分子的文化思想则是在当时在野知识分子与官僚知识分子的分化以及在野知识分子自身的分化中产生的。他们的在野地位决定了他们的文化思想不具有直接的现实性和直接的政治功利主义性质，其正面的主张不论看来是多么现实的，但归根到底只是他们主观构想中的现实，具有政治理想的性质。但也正是因为如此，他们的文化思想开始表现为一种学术，他们是以学术的形式争取社会的同情、信赖和支持的。在他们这里，实际上已经撑破了复古派和洋务派"中学—西学"的学术框架，而具体转化为"现实—理想"的学术框架。维新派的代议制国家是一种政治理想，革命派的三民主义国家实际上也只是一种政治理想。对于中国，它们都不是严格的现实的，而是在对现实政治的否定中产生的一种理想形式，只是在具体建构这种理想形式的时候，他们是以西方现成的政治模式为蓝图的。在这样一个学术框架中，也就有了倚重理想和倚重学术的两种不同的倾向。当他们更倚重理想的时候，就不能不牺牲学术上的完整性和纯粹性，因为他们的社会理想并不建立在对中国固有文化传统的认识的基础上，不是从中国传统文化自身的发展变化中发现出来的，而是从西方现成的社会政治模式中接受过来的。即使对西方这些现成的政治模式，他们采摘的也只是西方文化的干果，而并不建立在对西方文化发展演变过程和西方现实文化系统的整体认识的基础上。这样，在中国固有文化传统和他们的社会政治理想之间就存在着一个巨大的空洞，缺乏大量必要的文化元素和大量必要的逻辑中间环节。他们企图通过个人的奋斗填补这个空洞，但这个空洞却远远不是通过他们少数人的个人奋斗就能够填补上的。实际上，不论是康有为还是孙中山，真正注重的都不是学术的认识作用，而是学术的宣传作用。宣传需要的更是理想的诱惑和感情的激励，而不是对现实的更加真切的感受和更加精确的认识。在这里，最典型的是康有为的《孔子改制考》。就其考证的形式，完全是学术的；但就其实际的价值和意义，则只是一种政治宣传的方式：中国多数知识分子是尊崇孔子的，只要把孔子也说成一个像康有为这样的改良派，中国多数知识分子也就没有理由反对当下的政治改良了。但从严格的学术意义上来说，不论孔子是不是一个改良主义者，与康有为本人的改革都没有必然的联系。他的改良的根据在他所面对的政治现实，而不在几千年以前孔子的政治选择。他要反抗的应当是别人用孔子的标准衡量他个人的社会价值，而不是重新塑造一个新的孔子的形象；当他们更倚重学术的时候，他们的著述开始具有完整、纯粹的学术性质，但这种严格的学术性质也与他们实际的政治理想没有了必然的联系。我们感到革命家的章太炎和学术家的章太炎并不是一个章太炎。严格说来，就是因为从章太炎的学术研究中无法得出章太炎通过革命活动所追求的社会政治理想，而从章太炎追求的社会政治理想中也感觉不到章太炎学术研究的价值和意义。王国维的学术与维新派、革命派的政治实践没有有机的联系，严译世界名著也与维新派、革命派的政治实践没有有机的联系。在野的知识分子是没有社会政治权力的知识分子，他们的社会政治理想是在在野的地位上产生的，但他们的社会政治理想必须通过政治实践才能具体地得以实现。他们首先需要获得社会政治的权力，进入到社会政治统治集团之中去，而在这个过程中所获得的新的感受和体验则与他们此前的政治理想截然不同，即使他们实际地掌握了社会政治权力，他们的社会文化环境和他们获得政治权力以后的实际感受和体验也不会支持他原来的政治理想。所以，对于他们，理想和现实永远处在不可克服的矛盾之中。他们的政治理想与当时中国政治实践的要求无法重合在一起，不论是代议制还是共和制都无法仅仅依靠他们本人的忠诚实际地建立起来并实现他们对国民的许诺。总之，他们的社会目标同他们的学术研究是在两股道上跑的车，无法有机地统一在一起。

但是，复古派、洋务派、维新派、革命派以及他们之间的文化论争对于中国文化的发展并不是毫无意义的。复古派将中国几千年的文化传统牢牢地挂在中国近现代文化发展的战车上，使中国近现代文化的任何发展都不可能完全抛掉中国固有的文化传统，从而变成一只断线的风筝，随着"西风"的吹卷做无目的的飘转。这给中国近现代文化的发展带来极大的艰难性，但也给中国近现代文化的发展带来某些坚实性；洋务派在实践层面的胜利将现代经济、现代科技、现代教育发展的任务牢牢地挂在中国政治统治的战车上，使近现代的最高统治者再也不能像中国古代的皇帝那样做到完全的"无为而治"；维新派、革命派将民主政治的观念牢牢地植入到中国的文化之中，成为中国知识分子感受与评价中国政治的一个标准、一个尺度。在现当代社会，专制仍然存在着，但专制仅仅成了现实政治实践的需要，而不再像中国古代社会那样同时也是一种理想的政治模式。以上所有这一切，都共同酝酿了五四新文化运动的产生以及五四新文化运动之后的中国文化、中国学术。

直至现在，在中国的学者中仍然存在着某种对五四新文化运动的隔膜乃至对立情绪。实际上，中国现当代学术的价值和意义，以及从事学术研究的绝大多数中国现当代知识分子的存在价值和意义，都是在五四新文化运动的基础上得到确立的。没有五四新文化运动，就没有中国现当代学术存在的根据，也没有我们这些从事学术研究的中国知识分子的存在根据。它所标志的既不再是官僚知识分子之间的分化，也不再是在野知识分子之间的分化；它的基本文化框架既不再是复古派、洋务派的"中学—西学"的框架，也不再是维新派、革命派的"现实—理想"的框架。他们是在洋务派、维新派、革命派奠定了基础的现代教育，特别是现代高等教育的基础上发展起来的，是在科举制度废除之后出现在中国现代社会的一批新的知识分子。现代的教育培养的已经不是"修身、齐家、治国、平天下"的知识分子，而是学有专长、能够从事一项或多项社会事业的职业知识分子，他们不都是官僚知识分子。他们的知识和技能可以脱离开政治的意志而进行独立的操作并得到独立的传承和发展；他们也不都是在野知识分子，因为他们可以不进入现实政治统治集团而成为官僚知识分子。他们的文化主要是在"作者—文本—读者"的关系中进行流通并发生实际的社会作用的。他们首先需要的是从事某项社会职业并在这项职业的基础上求得生存和发展的充分的社会空间，并通过自己所从事的某项社会事业的发展而实际地影响整个社会的发展。不难看出，直至现在，我们这些从事学术研究的知识分子，仍然主要是这样一些知识分子。对于我们，最重要的是个人与社会的关系。我们个人的存在价值和意义是在社会上表现出来的，我们生存和发展的空间也是在现实社会上获得的。这里的社会，已经不仅仅是政治，而是包括政治在内的整个社会。五四新文化为我们提供的就是这样一个"个人—社会"的学术框架。

七

我们应该怎样看待五四新文化运动所提供的这个"个人—社会"的思维框架和学术框架，怎样看待这个框架与中国传统文化的关系？我认为，从鲁迅留日时期的几篇论文入手更能说明问题。

我们知道，在晚清复古派和洋务派的思想论争中，提出的是"道"和"器"的关系问题，是精神文化与物质文化的关系问题。在当时，"复古派"坚持的是精神文化的独立性，洋务派重视的实际更是物质文化的重要性。但不论是复古派还是洋务派，实际上持有的都是物质和精神的二元观。在中国，重新将精神文化和物质文化有机结合起来，把精神文化作为人类文化最根本基础的则是鲁迅。他在1907年写的《科学史教篇》中，用自己的方式概述了西方文化的历史。他在文章的最后说："……顾犹有不可忽者，为当防社会入于偏，日趋而之一极，精神渐失，则破灭亦随之。盖使举世惟知识之崇，人生必大归于枯寂，如是既久，则美上之感情漓，明敏之思想失，所谓科学，亦同趣于无有矣。故人群所当希冀要求者，不惟奈端已也，亦希诗人如狭斯丕尔（Shakespeare）；不惟玻尔，亦希画师如洛菲罗（Raphaelo）；既有康德，亦必有乐人如培得诃芬（Beethoven）；既有达尔文，亦必有文人如嘉来勒（Garlyle）。凡此者，皆所以致人性于全，不使之偏倚，因以见今日之文明也。嗟夫，彼人文史实之所垂示，固如是已！"[①]

在后来人的描述中，五四新文化运动似乎是一个西化的运动，是一个割断了中国历史、造成了中国文化大断裂的运动。但鲁迅的独立的人学观念，不但是在批判晚清复古派闭关锁国主义中建立起来的，同时更

[①] 鲁迅：《科学史教篇》，载《鲁迅全集》第1卷，人民文学出版社，1981，第35页。

是在批判"言非同西方之理弗道，事非合西方之术弗行"①的盲从西方的倾向中建立起来的。他批判"竞言武事"的洋务派说："近不知中国之情，远复不察欧美之实，以所拾尘芥，罗列人前，谓钩爪锯牙，为国家首事，又引文明之语，用以自文，征印度波兰，作之前鉴。夫以力角盈绌者，于文野亦何关？"②他批判不重视精神建设而照搬西方议会制度的维新派说："古之临民者，一独夫也；由今之道，且顿变而为千万无赖之尤，民不堪命矣，于兴国究何与焉。"③他指出，"贱古尊新，而所得既非新"④，"夫安弱守雌，笃于旧习，固无以争存于天下。第所以匡救之者，谬而失正，则虽日易故常，哭泣叫号之不已，于忧患又何补矣？此所为明哲之士，必洞达世界之大势，权衡校量，去其偏颇，得其神明，施之国中，翕合无间。外之既不后于世界之思潮，内之仍弗失固有之血脉，取今复古，别立新宗，人生意义，致之深邃，则国人之自觉至，个性张，沙聚之邦，由是转为人国。人国既建，乃使雄厉无前，屹然独见于天下，更何有于肤浅凡庸之事物哉？"⑤

在过去，我们把鲁迅留日时期的"立人"思想，主要同梁启超的"新民说"联系在一起，实际上，鲁迅的思想与章太炎的思想有着更本质的联系。梁启超的"新民说"是从他的政治理想出发的，是想使中国民众更适应于政治改良的需要，这当然也是有进步意义的，但仍然存在着一个到底是以人为本还是以政治为本的问题。相对于梁启超，章太炎重视的更是人的精神上的独立，用现在的话来说，就是人的主体性。鲁迅与章太炎的根本不同在于，章太炎力图仅仅在本民族的文化传统并且是中国古代正统文化传统中发掘发展中国现代人的主体精神的资源，而鲁迅则把这种主体精神视为整个人类社会和人类文化发展的最基本的动力，他是在整个人类文化的基础上提出中国现代民族精神的重建问题

---

① 鲁迅：《文化偏至论》，载《鲁迅全集》第1卷，人民文学出版社，1981，第44页。
② 鲁迅：《文化偏至论》，载《鲁迅全集》第1卷，第45页。
③ 鲁迅：《文化偏至论》，载《鲁迅全集》第1卷，第46页。
④ 鲁迅：《文化偏至论》，载《鲁迅全集》第1卷，第50页。
⑤ 鲁迅：《文化偏至论》，载《鲁迅全集》第1卷，第56页。

的；章太炎更重视的是中国知识分子的主体精神的重建问题，所以他更重视当时中国知识分子共同拥有的中国古代正统文化资源的重新阐释和解读，而鲁迅在辛亥革命之后则更重视整个国民精神的重建，所以他更重视表现在中国现实社会中的各种不同文化现象的重新阐释和解读。这把他更多地引离了学术的道路，而更多地引入了文艺的道路："凡是愚弱的国民，即使体格如何健全，如何茁壮，也只能做毫无意义的示众的材料和看客，病死多少是不必以为不幸的。所以我们的第一要著，是在改变他们的精神，而善于改变精神的是，我那时以为当然要推文艺，于是想提倡文艺运动了。"①

由于鲁迅主要成了一个文学家，他的语言更是文学的语言，因而我们在对现代学术史的考察中往往有意与无意地忽略了鲁迅在中国学术史上的地位和作用。在这里，我认为应当注意到的有下列几点：（一）中国的启蒙运动亦即学术革命运动不是发生在五四时期，而是发生在维新运动时期。五四新文化运动与其说是一个学术革命，不如说更是一个文学革命，但这个文学革命对我们的学术研究又是有着不可忽视的影响的。它改变着我们学术研究成果的读者，也改变着我们的读者对我们学术成果的感受和理解。不论我们怎样感受和理解中国现当代一个个不同的文学潮流，这一个个文学潮流都冲击和影响着我们学术思想的改变和我们具体学术成果意义和价值的实现。也就是说，中国现当代文学同样是我们现当代学术发展的动力资源之一；（二）正是在中国现当代文学发展演变的过程中，产生了一个至今为止仍然较之其他学术领域更加庞大的学术研究队伍，形成了中国现代文学和中国当代文学两个更为开阔的学术研究领域，而外国文学的翻译、介绍和研究以及整体的文艺学研究，都与中国现当代文学的研究有着更为紧密的联系。也就是说，中国现当代文学不仅仅存在于我们学术研究的外部联系中，同时也是我们整个学术研究中的一个有机组成成分，我们的学术研究不能无视于它的存在和发展；（三）如上所述，学术研究归根到底解决的是人类或一个民族、一个人对世界、对社会、对自我的理性认识的问题，但这种认识却

---

①鲁迅：《呐喊·自序》，载《鲁迅全集》第1卷，第417页。

无法脱离认识主体对认识对象的具体感受和体验，没有了这种确定的感受和体验，也就没有了认识对象的明确性和实现认识过程的主观基础。学术是一种科学，科学对我们是十分必要的，但脱离开人的精神感受和体验的科学主义却是破坏人类理性价值的学术杀手；（四）中国近现代学术因为学术资源本身的差别而分化为传统派和西化派，但这两个派别的学术价值和意义却不能不在中国现当代文化中得到具体的实现。鲁迅及其开创的现当代文学传统虽然不可能代替任何一个派别的学术研究，但它却通过自己的精神感受折射出为任何一个具体的思想学说所不可能完全涵盖的丰富的文化内容。我认为，正是因为如此，鲁迅的文学创作，特别是他的杂文，即使在理性思想的启迪意义上，也不亚于中国近现代任何一个具体的思想学说和学术派别。我们即使不把他的作品作为学术成果本身来对待，它们至少也可以被视为中国学术研究的一个个新的生长点。

八

鲁迅还有少量的所谓"纯"学术著作，他的《中国小说史略》，他的《中国小说的历史的变迁》，他的未完成的《汉文学史纲要》，他的《魏晋风度及文章与药及酒之关系》，他对中国古籍的整理和研究，以及在旧国学的概念下不被重视的诸多关于外国文学和现代文化与文学的评论文章，都显示了作为学者的鲁迅的价值和意义。关于他的《中国小说史略》在中国小说史研究中的开创意义，在过去的学术史研究中已经多有论述。我认为，对于我们更重要的，是它的方法论的意义。

从清末民初建构起来的中国近现代学术，虽然复杂，但仍然能够看出有三个主要的传统：

其一是主要继承着中国古代主流正统文化命脉——名义上是儒家文化传统，实际上主要是宋明理学传统——的学术传统。这个学术传统在具体表现形式上的特点是以被宋明理学传统条理化了的儒家伦理道德信条衡量和评价中国近现代社会及其思想意识上一切新的变化，并以此对抗西方文化价值观念向中国文化内部的渗透和影响。它的文化姿态是随时变化着的，对儒家文化的具体阐释方式也是随时变化着的，但作为价值尺度的儒家伦理道德信条则是始终没有变化的，并且也就把这些信条作为与西方文化相区别的中国文化的根本标志。在过去，我们称之为"复古派"或"守旧派"，但到了清末和民初中国近现代学术奠基期，它的代表人物（如辜鸿铭等）已经不是没有任何西方文化知识的老学究，因而他们的选择也具有了在世界文化背景上进行个人独立选择的意义和价值。它为此后现代新儒家学派的存在和发展奠定了最初的基础。中国现代新儒家区别于中国古代儒家文化的根本标志在于，它不是在对中国古代其他不同思想学说的排斥中表现出自己的独立性的，而是在对西方文化的抵制和排斥中表现出自己的独立性的，因而也带上了鲜明的文化民族主义的特征。我们必须看到，他们之所以在中国文化和西方文化的差异中主要选择了中国传统儒家的价值体系，说明这个价值体系对于他们还是具有不可替代的价值和意义的，至少在他们看来，要维系中国文化和中国知识分子的独立和尊严，要维系现实政治统治的正常秩序和保持中国现实社会的稳定与团结，还是不能离开传统儒家伦理道德观念及其一整套价值体系的。而这也是这个学派在中国学术界长期存在并得到发展的主要原因。

其二是继承着今文学派传统的中国近现代进化论学术传统。这个学术传统在其形式上的主要特征是以从西方文化中获得的某种新的思想观念或价值标准衡量和评价中外一切文化现象，其中也包括中国古代文化现象。在它的基础上，形成了贯穿至今的西化派。在中国引入西方文化的过程中，这个学术传统有着不可忽视的重要性，但由于它使用的是西方文化的价值尺度，在对中国文化，不论是对中国古代的文化还是对中国近代、现代、当代文化的阐释和研究上，都带有强制性的色彩。他们不是在中国文化创造者本人生存和发展需要的基础上阐释和评价他们的文化创造，而是依照自己现实的需要和西方某种思想学说的标准阐释和评价中国文化的具体成果的。这就使他们的分析评价带有强制性的色彩，并且很难给中国文化以一种带有明晰感和系统性的认识或总结。在中国近代、现代、当代文化中，这个传统是变化最快的一个学术传统，西方任何一个新的学说的出现都会带来它自身的变化，并且是以自我否定为前提的，后者否定前者，后者又被再后者所否定，在自身的传统中无法留下较为恒定的价值。但他们翻译和介绍的西方文化成果却逐渐沉淀在中国文化的内部，并逐渐被中国文化所消化，成为中国现当代文化系统中的一个有机组成部分，也被其他学统的学者所接受和运用。

其三则是以章太炎为代表的在古文学基础上发展起来的国学传统。他们使用的不是任何别人的固定的价值尺度，而是以自己独立的感受和理解对研究对象进行具体的阐释和评价。他们同样受到中国古代文化传统和西方文化传统的影响，但在他们的学术研究中，个人的现实人生感受和体验起到的是关键的作用，所以他们的研究成果带有很强烈的个人化色彩。我们既无法用西方的某种"主义"概括他们的特征，也无法用中国古代某"家"某"派"的学说概括他们的思想，即使在中国近现代历史上，他们也表现着鲜明的独立性，独自成为一个不可重复的文化现象。但也正是因为他们没有一个固定的外在价值尺度，所以他们是在研究对象自身生存和发展的需要上感受和理解他们的文化的，是在相互区别的意义上感受和理解它们的价值和意义的。如果说前两种学术传统都把文化的历史区分为正确与错误的两极，它则把文化的历史描述为一种由不同文化现象构成的动态的文化结构，这个结构是时时变化着的，但这种变化既不是简单的进化，也不是简单的复古，而是在各种特定的语境中由不同人的创造活动构成的变化曲线。

鲁迅在中国文化的发展史上属于五四新文化阵营，但在学术传统上则与胡适、陈独秀、李大钊、钱玄同都有所不同，他不属于由传统的今文学派和西方的进化论结合而成的学术传统，而与从古文学派发展而来的章太炎的国学传统有着一脉相承的连带关系。实际上，他对中国古代正统文化的许多观点，例如对儒家文化、墨家文化、佛家文化、佛教文化中小乘佛教与大乘佛教的关系、魏晋知识分子及其文章，都与章太炎有着极为相近的看法。鲁迅与章太炎的根本区别就是不把中国传统正统文化绝对化，而更重视它在进入世界联系之后的革新与发展。西方文化和中国古代的非正统文化就是在起动中国文化的现代变迁中受到鲁迅的高度重视的，但在感受和评价文化的方式上他则仍然继承着章太炎的传统。

我认为，只要将鲁迅的《中国小说史略》《中国小说的历史的变迁》放在中国现当代文学史的著作中，它的特点就是非常鲜明的。首先在于它既没有把中国古代的小说著作放在古典主义、浪漫主义、现实主义、现代主义、后现代主义这些西方文学的分类概念中进行阐释和评价，也没有将它们放在忠、孝、节、义、言道载志、温柔敦厚、中庸和平等中国古代文化的价值标准下进行阐释和评价，而是依照中国古代小说自身演变和发展的轨迹进行叙述的，是根据作品自身的表现力予以具体的评价的。与此相联系的第二个特点是他对中国古代各种不同类型小说的命名方式。我认为，中国现当代文化对西方文化的依附性特征首先表现在我们几乎丧失了对任何事物的独立命名权，不仅对于西方文化我们很少意识到自己的命名权，即使对于中国人、中国文化乃至中国现代、当代的中国人和中国文化（包括我们自己）都严重地丧失了独立命名的权力。在中国始终坚持自己对事物的命名权的是鲁迅。像"人情小说""世情小说""狭邪小说""谴责小说"等名称，都是根据中国小说自身的特征予以命名的，这些名称与所指代的对象之间几乎不具有任何模糊性和间隙感，因为这里的"名"就是"实"之"名"，这里的"实"就是"名"之"实"，而那些用现实主义解读杜甫，用浪漫主义解读屈原的分类方式不但给对象罩上了一层外国文化的有色玻璃，也使整个中国文学发展史的脉络变得十分混乱。

与《中国小说史略》《中国小说的历史的变迁》紧密相连的是鲁迅的《〈中国新文学大系〉小说二集序》，它可以被视为《中国小说史略》的续篇。在对这个时期中国小说史的叙述之中，鲁迅引进了外国小说对中国小说的影响，但这只是作为一个事实而被引进的，它同样没有用西方小说的概念概括中国现代小说作家的作品，而是以他们的生存状态和精神状态说明他们的小说创作的。我们从他的叙述中所感到的是这样一种情绪：不论中国现代小说的发展状况是怎样的，都取决于中国文化和中国作家自身的创作，而不取决于影响了他们的西方文化和西方文学本身的好与坏。中国的具体文化成果必须首先在中国文化的语境下得到感受和理解，而不应当用西方某派某家的标准予以衡量。也就是说，中国知识分子对于自己的文化创造是有自己的独立性的，至少是应该有自己的独立性的。

九

比鲁迅更直接影响了中国现代学术的建立与发展的是胡适。

在谈到胡适对于中国现代学术的贡献的时候，我们往往更重视他的学术著作本身，但我认为，他对中国现代学术最大的贡献还是他的白话文革新。现代白话文是中国现代书面文化的主要载体，也是中国现代学术的主要载体，这个载体对于中国现代学术发展的重要性是远远超过他的任何一部具体的学术著作的。

如上所述，语言对于一个民族是有决定性的意义的。有自己共同的语言，就有民族的共同体；没有自己共同的语言，就没有民族的共同体。但这是就一个民族同其他民族在语言上的区别而言，而不是从一个民族语言的内部关系的变化而言。胡适首先倡导的五四白话文革新是中国语言内部关系的大调整，而不是放弃本民族的语言而改用他民族的语言。

中华民族的民族语言的产生与发展同西方语言的产生与发展有着根本不同的特征，那就是它在漫长的历史发展过程中经历的是浸润性的不断扩散的过程，而没有一个从本民族口头语言到拉丁化书面语言再到在本民族口头语言基础上形成本民族书面语言的巨大转折。汉语的文字语言产生之后就走上了自己独立发展的道路，它主要是作为一种国家语言通过各种形式的学校教育得到传承和发展的。与此同时，汉语的口头语言也在向周边地区作浸润性的扩散。由于交通的不便和学校教育的不能普及，各个不同地区的口头语言是以各自不同的形式发生变迁并逐渐丰富化的，这形成了各种不同的地方语，并且差别越来越大，彼此很难实现直接的交流。这些地方语为国家化的书面语言提供着营养，丰富着汉语的书面语言，但二者的距离也不断扩大着。这种距离不仅表现在没有文化的普通社会大众与中国古代知识分子之间的关系上，同时也表现在知识分子自身的思维方式和情感形式上。一般说来，口头语言是生活语言，是在现实生活中使用并不断丰富着的语言，并且是每一个知识分子从幼年起就逐渐习得的，它体现的是知识分子个人在日常生活的基础上形成的思想和情感态度，是朴素亲切、通俗乃至低俗而不具有崇高性质的语言，而书面语言则是凌驾在各个地区的方言土语之上的一套具有很高社会化程度的国家话语，是政治的、伦理的、审美的，并且具有一种崇高的乃至神圣的性质，有一整套相对固定的价值标准，不太受个人实际生活感受和直感经验的支配和左右。中国古代知识分子同时具有这两种不同的语言形式，并且二者无法实现有机的融合，这就造成了中国古代知识分子人格上的分裂状态：内在的"俗"和外在的"雅"之间有一堵无法逾越的厚障壁。"雅"的无法随着个体情感和情绪的变化而变化，无法随着个体实际生活经验的丰富而丰富，个体的情感和情绪体验、个体的实际生活经验也无法积淀成社会的理性，升华为哲理性的认识，严重压抑了中国古代知识分子的创造活力。我们当代的知识分子已经不难感到，假若社会上存在着一种根本无法质疑的思想，并且知识分子的作用仅仅被认为是用各种不同的方式论证这种人们根本不能进行质疑的思想的正确性，中国知识分子的创造活力是无法得到充分的发挥的，中国知识分子在中国社会生活中的价值和意义也是无法得到充分的肯定的。中国古代知识分子这种文化人格上的分裂在中国历史上是逐渐发展起来的。中国的先秦知识分子，由于还没有一个凌驾在他们各个人之上的固定的社会语言体系，他们的语言主要是在自己日常的口头语言的基础上提炼、升华出来的，他们的思想也是在自己的现实生活体验和情感情绪感受的基础上概括出来的，所以他们的思想活力在整个中国的历史上始终没有泯灭下去，成了中华民族文化的根本支柱。但到后来，特别是在宋明理学加强了传统儒学在学校教育中的绝对统治地位、科举制度成了选拔人才的主要制度之后，这两种语言的差别与对立就在中国古代知识分子的精神世界里相对凝固起来。从学校教育中获得的整个话语体系是完全独立的另外一个话语体系，任何个人都没有改变它的权力，而这个体系却无法体现每一个知识分子的个别性和自身的创造能力。到了清代，中国知识分子的这种人格分裂几乎成了一个无法掩盖的事实。每一个汉族知识分子在日常生活中就能自然形成的民族意识，在日常口头语言中很轻易就能够进行表达的民族情感，却无法通过以忠孝节义为主要价值体系的儒家社会话语得到有效的表达，这种话语起到的

"新国学"论纲(上)

是使他们紧紧依附在政治统治集团身上的作用。只有到了鸦片战争之后，传统儒家文化的价值体系受到外力的巨大冲击，"民族主义"成为中国社会的一个基本价值尺度，他们的民族情绪才逐渐得到了比较充分的释放，民族意识才空前蓬勃地发展起来。民族存在着，民族语言的独立性是不能放弃的，但一个民族的话语体系又是不能凝固起来的。凝固起来，这个民族就没有创造力了，这个民族的文化就没有生命力了。

随着书面文化的普及和中国社会化程度的提高，中国古代也逐渐发展起了另外一个书面话语体系。这个话语体系不是在国家政治和国家教育的基础上发展起来的，但也不纯粹是某一个区域的地方语，而是一套非正统的书面语言，是作为通俗读物而在社会上逐渐流传并丰富发展着的。中国古代小说、戏剧在这个话语体系的形成中起到了关键的作用，但其影响却不仅仅局限在小说、戏剧上。这套语言，是在特定地域的口头生活语言的基础上发展起来的，但作为创作者又是受过正统文化教育的知识分子。对上，它能把经史子集、诗词歌赋等正统的高雅语言通过自身的消化纳入到这个话语体系中来，从而使其具有了通俗性和现实生活的气息，更能体现作者个人的情感情绪体验以及各种不同的实际生活经验；对下，它可以把现实日常生活中的口头语言更充分地纳入到自己的话语体系中来，从而使现实日常生活语言具有了广泛的社会性，具有了高雅的、严肃的色彩，更能实现作者与其读者的思想或情感的交流。它是介于雅与俗、地方口头语言和书面文化典籍语言之间的一种语言，起到的是最大限度地包容二者的创造成果、沟通二者之间关系的作用。中国古代书面语言的这种潜在的变化状态，我们完全可以通过《红楼梦》这部小说感觉得到。它的语言，不是比经史子集的语言更加干瘪，更加没有表现力，而是更加丰富，更加具有思想和情感的表现力。它是包容了中国古代各种不同的语言表现形式之后形成的一个内存更加丰富的语言体系。胡适所说的白话文，就是在中国古代这样一个话语体系的基础上提出来的，它为中国现代文化的普及和发展提供了一个新的语言载体。

假若我们更深入地感受和体会胡适所提倡的这个现代白话文话语体系的本质意义，我们就可以确定无疑地说，这个话语体系恰恰是中国现当代社会一套具有最高程度的社会性同时也为各种不同的社会追求提供了无限发展空间的话语体系。它与我们从幼年起就逐渐习得的日常口头语言并没有一个明显的界限，所有掌握了文字书写能力的人都能够实现跨时空的书面语言的交流活动，都能够介入更广泛的社会联系之中去。但现代书面白话文语言仍然有着各种不同的层次，一个人要参与哲学界的学术讨论必须掌握现代哲学的一整套基本话语体系，一个人要参与经济学的学术讨论必须掌握一整套现代经济学的话语体系，但这并不意味着每一个参与社会书面对话的人都必须掌握像文言文那样与自己现实日常口头语言完全不同的另外一套独立的话语体系，因为现代各种不同专业的话语体系都是在现实日常口头语言的基础上逐渐丰富发展起来的，这种在现实日常口头语言的基础上发展起来的语言也能具体运用在现实日常口头语言的交流中。哲学家与哲学家之间口头的学术交流运用的也是他们在书面进行交流时运用的那套哲学的语言，经济学家与经济学家之间口头的学术交流运用的也是他们在书面进行交流时运用的那套经济学的语言。这就为每一个具有书写能力的社会成员参与各种不同层次的社会对话提供了普遍的可能性，从而也为他们思想的或情感的发展开辟了更加宽广和深远的空间。它对任何一个社会成员的任何一种生存方式都是有其价值和意义的，不仅仅为了做官，不仅仅为了使用政治权力管理和统治更多的人。可以说，仅就这种语言形式而言，我们在思想和情感上的发展是不会受到它的限制的，因为它是一种没有固定结构形式、没有像忠孝节义这样一套凝固不变的基本词汇系统的语言体系，它可以随着外部世界的变化、主体情感情绪体验或理性认识的发展重新组织新的语言体系，构成新的基本词汇系统。美学家有美学家的基本词汇系统，心理学家有心理学家的基本词汇系统，即使在同样一个领域中，每一个人都有根据自己真实的情感情绪体验或理性认识重构适于自己的话语体系的可能。不难看出，这就是我们中国现代文化，其中也包括我们的现代学术能够产生、能够发展的基本前提条件。每一个人的语言只有一个与之相对应的衡量标准，那就是他的实际的感受和思想，语言为自己的内心感受和思想提供着语言的表现形式，语言的表现形式充实并引导着自己的内心感受和思想，只要遵循现代白话文的这一基本规则，二者构成的就是相互促进的动态发展过程。每个人就会靠着这种互动的关系进入属于自我的一个独立的情感的或理性的世界之中去，成为一个有独立发现和独立创造能力的人。假若说中国古代知识分子只要掌握了普通社会群众根本无法掌握的那些特殊的语言形式就证明了自身存在的价值，那么，中国现代知识分子却再也无法仅仅依靠掌握书写技巧而意识到自己独立的存在价值和意义，他必须在自己独立的情感和思想的社会价值中意识到自己存在的价值和意义。也就是说，现代白话书面语言再也不是少数政治官僚的专利品，甚至也不是少数知识分子的专利品，知识分子要在这套语言的基础上为中国文化的发展做出更大的贡献，不仅要积累更多的专业知识，而且要有自己独立的情感或思想的世界，具有更加鲜明的个性，以自己独立的创造成果赢得社会读者的更广泛的同情或理解。但也正是因为如此，中国的语言通过胡适对白话文的提倡，再一次回归到语言的本质。

　　文字语言的本质意义是什么？语言的本质意义是各种不同的人为了实现彼此的思想情感交流而共同创造的一套彼此都可以识别、可以感受、可以理解、可以解读的文字符号体系。所以，文字语言同口头语言一样，有着紧密联系在一起的两个最主要的特征。其一是其个体性、个别性和特殊性，在这个意义上，语言只是由各种不同的"言语"构成的，正像我们无法具体地指认哪是宇宙，我们也无法具体地指认哪是语言。具体存在于世间的只有各种不同的言语，而没有"语言"，语言只是在各种不同言语现象的基础上抽象出来的。在这个意义上，一个民族的语言只有通过各种不同的言语才能存在和发展，只有通过各种不同个体人的各种不同思想情感的表达交流活动才能得以存在和发展。一旦这个民族已经没有个体人的言语活动，一旦这个民族已经没有不同思想情感间的交流，这个民族的语言也就逐渐退化并趋于消亡；其二是它的抽象性、普遍性和共同性。在这个意义上，一个民族的各种不同的言语活动构成的是一个民族的共同的语言，不论一个人的言语是多么个性化的，它都要使用彼此可以识别、感受、理解和解读的共同的语言符号，都要在一个民族语言固有的符号系统中获得自己独立的价值和意义，否则，任何个体的思想情感都不可能得到有效的表达并实现与本民族成员间的沟通和了解。不难看到，中华民族的书面语言在先秦时期是完全个性化的，每一个先秦思想家的思想学说或文学艺术作品都是一种独立的言语体系，它们是在彼此的思想情感的交流活动中互相促进、共同发展的。随着中国政治专制主义和文化专制主义的合流，在政治体制内开始将一种言语体系固定为具有普遍性、绝对性的语言体系，各种不同的言语体系被排斥在这样一个语言体系之外，因而也失去了与之平等对话的可能，每个个体具有个别性的思想感情也已经不能够依靠这样一个语言体系得到正常的表达，语言就失去了在不同个体之间进行思想情感交流的本质职能，中国文化的发展就相对停滞了，中国民族语言的交流功能也相对弱化了。胡适提倡的现代白话文让中国人首先回到自己日常生活的口头语言，实际上是首先回到自己真实的思想与情感的状态，回到彼此相区别的基础上，不是共同讲共同认可的话语，而是彼此讲彼此不同的感受和认识，实现的是彼此的交流，而不是彼此的应付。它重新激活了中国知识分子的表达欲望，同时也重新激活了中华民族的语言活力。不难看出，中国现代学术就是在这种思想的交流活动中重新发展起来的。时至今日，留在我们现当代学术史上的所有学术成果，都是一些彼此不同的思想认识成果，而那些陈陈相因的东西都不可能在中国学术史上留下自己鲜明的印迹。而这反映的既是学术的本质，也是语言的本质。学术的本质是在不同学术成果的差异性中表现出来的，语言的本质是在言语的差异性中表现出来的。没有不同学术成果的差异性，就没有学术的统一性；没有言语的差异性，就没有语言的统一性。

十

　　胡适所倡导的五四白话文革新的胜利，在学术上的一个直接结果是中国现当代语言学的分流发展。章太炎、黄侃，直至当代的陆宗达、殷孟伦等学者，坚持从中国语言文字自身生成和发展的规律研究中国语言文字，将清代"小学"的研究传统推进到现当代的语言学研究中来，而从马建忠的《马氏文通》直至当代王力、朱德熙等学者，则用西方语言的语法体系和理论体系对中国语言进行了重新的阐释和说明，将西方的研究方式转移到对中国语言的研究中来。显而易见，前一个学派对于中国古代语言的研究更有针对性，而后一个学派对于现代白话文的研究则更有针对性。这两个学派的相互区别与相互发明，共同构成了中国现当代语言学研究的总体格局。

胡适首先倡导的白话文革新体现的是"新文化"与"旧文化"在书面文字语言上分化发展的趋势，而胡适的具体学术成就体现的则不仅仅是"新文化"与"旧文化"分化发展的趋势，同时也是中国现代学术文化与中国现代革命文化、中国现代社会文化分化发展的趋势。

五四新文化运动是在北京大学学院教授内部首先孕育成熟并具体发动起来的，像鲁迅、吴虞这样一些非学院知识分子是通过具体参与北京大学学院教授的文化活动而实际地成为五四新文化运动的发起者的。但是，这个运动发起者本人的文化传统和这个运动自身的实际意义与价值，却并不局限在学院文化内部。假若将这个运动的发起者粗略地划分开来，我认为，陈独秀、李大钊直接继承的是孙中山的革命文化传统，他们都曾参加过旨在推翻清王朝政治统治的革命活动。辛亥革命之后，推翻清王朝政治统治的革命目标已经实现，虽然他们并不满意辛亥革命之后中国社会的现实状况，但新的革命目标还没有具体地建立起来，他们的思路便从实践的革命转向了思想的革命。实际上，他们理解中的"思想革命"，既不完全等同于胡适理解中的"思想革命"，也不完全等同于鲁迅和周作人理解中的"思想革命"。他们的"思想革命"在其总体的特征上更接近于梁启超在晚清启蒙运动时期所提倡的思想启蒙，是从现代政治革命的需要直接延伸出来的，是直接配合现代民主政治体制的建立与完善的，因而也具有十分确定的方向、十分具体的内容，更具有后来所说的"思想路线"的性质。我认为，陈独秀对于中国现代学术的影响除了"反对旧道德，提倡新道德""反对旧文学，提倡新文学"等一系列的具体内容之外，在思维方式和论述方式上则在于他的整体概括能力。在传统儒家的思想学说中，实际上已经发展起了从整体上感受和把握研究对象的思维方式，儒家提出的"君臣、父子、夫妇"三种人际关系实际上就从整体上概括了传统封建社会的全部人伦关系，儒家为处理这三种人伦关系所提供的基本原则同时也是处理当时全部人伦关系的基本原则，但由于后儒走上了注经、解经的道路，这种从整体上独立概括研究对象的能力反而逐渐衰退。西方文化的出现，中西文化比较思维的发展，在像陈独秀这类中国现代知识分子身上重新复活并发展了这种思维方式和论述方式。陈独秀的整体概括能力是在中西文化的整体比较中重新建立起来的，是在革新中国固有文化传统的目的意识下被运用的，所以具有极其强烈的否定性、批判性和革命性，在反对旧文学、提倡新文学，反对旧道德、提倡新道德的五四新文化运动中发挥了极其重要的作用，并以其鲜明性成为五四新文化运动的思想旗帜。1915年，陈独秀在《青年杂志》的发刊词《敬告青年》中对中国青年提出了六点希望：自主的而非奴隶的、进步的而非保守的、进取的而非退隐的、世界的而非锁国的、实利的而非虚文的、科学的而非想象的。我认为，直至90年代关于现代性的讨论，我们仍然没有从根本上超出陈独秀这个总体概括的范围。①同年，陈独秀在《东西民族根本思想之差异》中将中西文化的差异归纳为三点：（一）西洋民族以战争为本位，东洋民族以安息为本位；（二）西洋民族以个人为本位，东洋民族以家族为本位；（三）西洋民族以法治为本位，以实利为本位；东洋民族以感情为本位，以虚文为本位。②1916年，陈独秀在《吾人最后之觉悟》中把中国近代知识分子的觉悟分为三个不同的阶段：学术的觉悟、政治的觉悟、伦理的觉悟，并认为伦理的觉悟为中国知识分子最后觉悟之最后觉悟。③1917年，陈独秀在其《文学革命论》中，提出了文学革命的"三大主义"：推倒雕琢的阿谀的贵族文学，建设平易的抒情的平民文学；推倒陈腐的铺张的古典文学，建设新鲜的立诚的写实文学；推倒迂晦的艰涩的山林文学，建设明了的通俗的社会文学④……所有这一切，都表现出陈独秀对复杂对象的

---

① 陈独秀：《敬告青年》，载《独秀文存》，安徽人民出版社，1987，第3—9页。
② 陈独秀：《东西民族根本思想之差异》，载《独秀文存》，第27—31页。
③ 陈独秀：《吾人最后之觉悟》，载《独秀文存》，第37—41页。
④ 陈独秀：《文学革命论》，载《独秀文存》，第95—96页。

"新国学"论纲(上)

整体概括能力,对中国现代知识分子思维方式和论述方式的变化与发展具有重大影响,特别是对中国现代政治理论的建立与发展更有不可磨灭的影响,这种整体归纳的方式至今是中国政治理论的主要建构方式。但是,陈独秀、李大钊都是在政治革命的基础上理解中国现代思想革命的重要性的,所以当他们看到了新的革命运动的曙光,就离开了思想革命、文化革命的主战场,重新投入政治革命的运动中去了,在中国现代学术界没有发生像胡适那样广泛而深入的影响。

在反对旧文学、提倡新文学,反对旧道德、提倡新道德的总体文化方向上,鲁迅和周作人是与陈独秀、李大钊取着同样的步调的,但鲁迅和周作人的基本文化传统不是此前的革命文化传统,而是以人道主义和个人主义为基点的人学传统。鲁迅在政治立场上属于当时的革命派,根据他的好友许寿裳等人的回忆,他还参加过革命组织光复会,但在思想传统上,他则不属于通过政治手段改造社会的革命文化传统,而更关注人的精神层面的问题,更重视国民精神的建设。周作人在其《人的文学》中,说他主张的是一种"个人主义的人间本位主义"的"人道主义"①。鲁迅在后来也曾说,他的思想"或者是人道主义与个人主义这两种思想的消长起伏罢"②。严格说来,这种人学传统,是不分古与今、中与西的,它只是感受人生、批判人生、改造人生的一个尺度,一个标准,是人在现实世界生存和发展的基础观念,是如何感受和体验人的存在及其价值和意义的问题。他们之所以参加五四新文化运动,只是因为他们认为,传统儒家的伦理道德观念及其在中国社会的长期统治地位,压抑了中国人的人性发展,摧残了中国人的生存意志和个性追求,破坏了中国人与人之间理应具有的人道主义感情以及在这种感情基础上的同情和了解。正是因为如此,他们不仅批判中国传统文化中那些压抑个性、摧残人性、扼杀生命的观念,同时也把更多的精力用于对现代中国

---

① 周作人:《人的文学》,载《中国新文学大系·建设理论集》,上海良友图书印刷公司,1935,第195页。
② 鲁迅、许广平:《两地书》,载《鲁迅全集》第11卷,人民文学出版社,1981,第79页。

国民性的批判，其中也包括对那些具有了现代科学知识和现代生活方式的中国知识分子的批判。周作人的小品散文，鲁迅的小说、散文诗、散文和杂文，成为中国现代文学史研究对象的重要组成成分，但在那时，中国现代文学研究尚处于萌芽状态，还无法超越零散的读者反应和直感、直观判断的评论阶段，也还没有正式进入高等教育的讲堂。作为一种文化现象，主要属于一般的社会文化，没有构成中国现代学术研究的主要对象。

假若说陈独秀、李大钊主张的是社会政治意义上的思想革命，这种思想革命直接产生在对中国社会进行整体改造的愿望和要求中，具有强烈的社会性和政治性；假若说鲁迅、周作人主张的是国民精神发展意义上的思想革命，这种思想革命直接作用于一个个人的自我意识、他者意识以及人与人精神关系意识的改变，具有强烈的精神性和道德性，那么，胡适主张的则主要是科学思维方式和研究方法论意义上的思想革命，这种思想革命直接联系着学院派知识分子的人生观念和世界观念，联系着他们从事实际学术研究活动的基本技能和训练。

我认为，正是因为他们在理解"思想革命"上的这种差异，使中国新文化在革新传统文化的共同基础上发展起来，但又向着现代革命文化、现代社会文化和现代学术文化三个主要的方向演化和发展。胡适体现的就是中国现代学术文化的独立性及其发展趋向。他在中国现代学术的创建和发展史上的贡献是不容置疑的，但对于我们当代中国知识分子而言，重要的不是胡适在中国现代学术史上有没有自己的地位，而是如何看待他所创建并发展了的中国现代学术文化与中国现代革命文化、中国现代社会文化的关系的问题。

十一

中国现代革命文化是在中国社会由旧蜕新的过程中社会矛盾和民族矛盾空前激烈、社会危机和民族危机空前严重的情况下产生并发展起来的，是由少部分具有革命倾向的中国知识分子创建并实际发展起来的。不论这部分知识分子在其具体的文化选择上采取什么样的文化立场，但

"新国学"论纲（上）

在实际上，他们都继承着传统儒家知识分子入世的、拯世救民的、以天下兴亡为己任的文化传统。他们与传统儒家知识分子的区别仅仅在于，他们已经不把改造社会的希望仅仅寄托在现实政治统治者的身上，他们所采取的也不再是传统儒家知识分子"致君尧舜上，再使风俗淳"的文化战略。他们是一个企图依照自己的社会理想而对现实社会进行改造的知识分子群体。这个群体是依照彼此相同的社会理想而结合在一起的，必须有一种统一的思想学说将其联系起来，构成一个统一的革命集体，以实现推翻旧政权，建立新政权并以政权的力量实现对社会的实际改造。实际上，这种文化的真正基础不是学院派知识分子所谓的"科学"，而是实际的社会感受和生活感受。革命的前途不是任何一个革命知识分子在革命之前就已经严密地设计好的，不是通过学术研究"研究"出来的，它的真正基础是实际的社会现实矛盾和革命知识分子对这种现实矛盾的强烈感受，以及在这种感受基础上被激发出来的"知其不可为而为之"的主体精神和意志力量。它与现代学院文化是根本不同的两种文化。现代学院文化是以培养现实社会需要的各种专门人才而建立起来的，是以知识技能的传授为主要目的的，不论一个民族当时的社会历史状况如何，不论各个受教育者自己将选择什么样的人生道路，学院文化自身都必须以现实社会所需要的知识和技能的培养为基本目标，都必须以受教育者在现实社会得到最顺利的成长和发展为基本原则。也就是说，学院文化自身的性质就不是甚至也不能是革命文化。教育在其本质上都带有国家主义的色彩，是国家集体事业的一个有机组成成分，并且受到国家政治权力和经济权力的直接控制。胡适在留学美国之前编辑《竞业旬报》时期，其思想是在密切关注着现实社会问题的基础上建立起来的，其文化思想也主要属于社会文化的范畴，但在美国留学期间，接受的则是学院文化教育。当时的美国，政治上的资产阶级革命早已完成，解放黑奴的南北战争也已成历史，在和平发展过程中美国迅速成长为一个富强的资本主义国家。美国的学院文化在相对自由民主的气氛中与当时的国家政治权力有着更加和谐和协调的关系，较之当时欧洲大陆的文化，具有更明显的国家主义性质。像欧洲18世纪的启蒙主义思潮、19世纪的马克思主义、柏格森的生命哲学、叔本华的悲观主义哲学、弗洛伊德的精神分析学说、王尔德的唯美主义和其他现代主义文学思潮、尼采的超人学说、列夫·托尔斯泰的人道主义思想、克鲁泡特金的无政府主义等等，在美国学院文化中并不具有主流的地位。胡适就是在这样一个学院文化的氛围中接受教育，形成自己的社会观念和文化观念的。"我到美国，满怀悲观。但不久便交接了些朋友，对于那个国家和人民都很喜爱。美国人出自天真的乐观与朝气给了我很好的印象。在这个地方，似乎无一事一物不能由人类智力做得成的。"[①]"我相信我自离开中国后，所学得的最大的事情，就是这种乐观的人生哲学了。"[②]美国作为当时世界上最富裕、最强大、最自由的国家，在当时的中国有着崇高的威望，留学美国的学生也受到中国朝野的普遍重视。当二十七岁的胡适于1918年留学归国的时候，已经是新文化运动的领袖，获得的又是中国最高学府北京大学的教职，他的老师杜威在世界和在中国的威望也给他这个中国的高足平添了许多荣耀，胡适没有理由不是乐观向上的。但是，他的乐观向上是建立在对自己所接受的文化思想的自信之上的，是建立在对自己的智慧和才能的自信之上的，而不是建立在对当下民族处境和社会状态的整体感受基础之上的。这决定了他与以陈独秀、李大钊所体现的中国现代革命文化的分流。

1919年，胡适与李大钊进行了一场至今没有结论的文化论战。我认为，这个论战的意义不是学术性的，也不是政治性的，而是中国现代学术文化和中国现代革命文化开始分流的标志。他们之间的区别根本不是"主义"与"问题"的区别，而是这种"主义"与那种"主义"的区别，是这些"问题"与那些"问题"的区别。胡适也有自己的"主义"，那就是他从杜威那里接受过来的"实用主义"。他的实用主义是在特定的社会结构中对知识分子所面临的实际问题进行具体的、现实的解决的一种科学的思维方式和可操作性的研究方式。李大钊也有自己的问题，那就是

[①] 胡适：《我的信仰》，载《胡适文集》第1卷，欧阳哲生编，北京大学出版社，1998，第14页。

[②] 胡适：《我的信仰》，载《胡适文集》第1卷，第15页。

"新国学"论纲（上）

中国社会的政治问题，是如何结束当时的军阀割据，建立一个李大钊这类知识分子理想中的独立、统一、合法、合理、有效的政府的问题。苏联在马克思主义思想旗帜下成功地进行了一次推翻旧政权、建立新政权的革命，这不能不引起同样具有革命倾向的李大钊这类中国知识分子的强烈关注。所以，他的"主义"也是为了解决他所关心的"问题"的。这里的不同仅仅在于，李大钊关注的是中国现实政治问题，而这个问题是没有任何一个万无一失的现成解决方式的，是必须依靠革命者自身的奋斗和牺牲而实际地去争取的，并且即使付出了生命的代价也未必能够获得胜利，也未必能够达到所预期的革命目标。胡适关注的则是学院知识分子的学术研究活动的问题，对于这样一些问题，是应该也必须按照形式逻辑的要求，做到论据充分、逻辑严密、准确无误的。不难看到，李大钊和胡适的思想争论并不建立在同样一个思想的平面上，因而也不可能有一个确定的结果。其结果只能是彼此分道扬镳，走上了两条不同的文化道路和思想道路。李大钊在自己的道路上给我们留下的是"铁肩担道义"的承担精神和"富贵不能淫、贫贱不能移、威武不能屈"的凛然正气，胡适在自己的道路上给我们留下的是"大胆假设、小心求证"的治学方法和等身的学术著作。

从中国文化发展的角度，胡适和李大钊的这次思想论争还标志着中国现代知识分子的内部差异和矛盾开始以西方不同思想学说差异和矛盾的形式表现出来，并且常常是以相对扭曲的形式表现出来的。胡适的实用主义，李大钊的马克思主义，都是在文化开放的条件下从西方文化中输入的，都是在西方当代社会发生了极大影响的文化，但却是西方两种不同的思想学说，并且在不同的国家有着不同的地位和影响。假若仅仅从中国文化内部的关系看待李大钊和胡适的差异和矛盾，我认为，他们之间是没有那么严重的对立性质的。他们在当时的中国都是极少数新文化运动的倡导者之一，都是主张文化上的对外开放的，都是主张思想自由、个性独立的。但在当时的国际舞台上，苏联和美国几乎构成了思想的两极，假若说当时的苏联猝然成了世界马克思主义的策源地，当时的美国，特别是当时美国的学院文化则几乎成了反马克思主义的桥头堡，而马克思主义在欧洲大陆各国的影响要比在美国的影响广泛得多、深刻得多。我认为，正是马克思主义和当时美国学院文化的这种两极对立的性质，将中国这两个新文化运动的领袖撑向了中国现代文化的两极，几乎成了中国现代文化大分化、大动荡的震源。实际上，李大钊之所以接受马克思主义思想的影响，并不在于反对胡适所心仪的美国式的自由和民主，而是站在中国知识分子自由和民主的立场上对压制民主和自由的军阀政府的反抗。当时的胡适也并不满意于这个政府，这个政府对他同样实行着歧视和压制，而他之所以起而反对李大钊对马克思主义的提倡和介绍，根本不是从李大钊自身文化选择的意义入手的，而是从他所接受的美国学院文化的立场出发的。胡适一生都把自己在美国学院文化中接受的思想影响直接视为自由民主的思想本身。实际上，真正体现着美国自由和民主精神的不是当代美国任何一个具体的思想学说，而是领导了美国人民的独立解放战争并实现了美国资产阶级革命目标的华盛顿和他的战友们，是这样一次革命斗争为美国人民赢来了民族的独立和政治的民主。仅仅有书斋内的学院文化，是根本不可能结束英国对美国的殖民统治，建立起美国的民主政治的。此后的美国文化，都是在美国资产阶级革命所建立起的民主政治的环境条件下取得的具体文化成果，其自身并不一定建立在自由和民主的精神基础上。中国现代自由民主的传统不应当从其接受了哪个国家的什么样的思想学说来判定，应当从其在中国的文化环境中是否具有反对专制、争取自由和民主的实际意义入手。胡适终其一生都是向往美国式的民主和自由的，但终其一生也没有将他的"大胆假设、小心求证"的科学方法论运用于中国现代政治学的研究，建立起有别于中国马克思主义政治理论的另外一种以实现中国政治民主为目标的政治理论体系，更没有为实际地实现这样一个政治目标而做出有效的努力。在政治上，他是一个旁观者，他与中国马克思主义理论的对立只是主观观念上的。实际上，这种表面的对立态势只是一种文化的错位现象，是一种根本构不成实质上的对立关系的表面形式上的对立。他在实用主义的旗帜下提倡的治学方法无法起到将专制政治改造成民主政治的作用，马克思主义的革命理论也无法完全代替他在实用主义旗帜下提倡的治学方法。

在中国，原本具有互补意义的两种文化，"在全球化的语境中"却导致了中国现代文化的可悲的分裂。我认为，当我们重新思考我们的文化历史的时候，不能不看到这一点。

十二

中国现代社会文化既不完全等同于革命文化，也不完全等同于学院文化。就其自身的意义而言，革命文化实际是具有相同社会感受和政治目标的人之间相互沟通的方式，彼此构成的是"同志"的关系，实现的是意志的联合；学院文化实际是知者与求知者之间相互沟通的关系，彼此构成的是先生与学生或有类于先生和学生的关系，实现的是思想、知识与技能的传授。读者对象的单纯性是革命文化与学院文化共同具有的主要特征，而社会文化的接受对象则是极为复杂的。它是面向社会上各种不同的读者对象的。鲁迅和周作人之所以主要选择了文学的道路而没有主要选择政治的或学术的道路，就是因为他们真正关切的是社会上的人与人之间的情感关系和精神关系的问题，而文学艺术则是能够触及、表现乃至影响这种关系的改变的最有效的文体形式，是社会文化的最重要的传播方式之一。它既不能仅仅建立在彼此相同的社会感受和相同的政治立场上，也不能仅仅建立在读者对自己知识、技能、道德、人品的尊重乃至崇拜上。它的基础是生命的、自然人性的，是普遍可感的。这种生命的、自然人性的可以完全包括革命的和科学的，所有真正具有革命意义和科学价值的东西我们也可以纳入到生命的、自然人性的基础上来感受、来理解、来阐释，但革命的和科学的却不能完全包括生命的和自然人性的。屈原、司马迁、陶渊明、李白、杜甫、曹雪芹、蒲松龄、荷马、卜伽丘、莎士比亚、列夫·托尔斯泰、陀思妥耶夫斯基、卡夫卡、马尔克斯都不是革命的，他们的作品也不是科学的，但他们却是人类文化的伟大创造者。所以，不论哪个民族、哪个时代的文化，都不应仅仅有政治的革命的文化，有科学的学术的文化，同时也应有文学艺术和各种不同形式的社会文化。这里的原因绝不仅仅因为我们所常常引以为据的文学艺术的娱乐功能，更因为不论是政治的革命的理论，还是科学的思想的学说，在起到它们有可能起到的积极作用的同时，也有可能构成对人的思想的异化。中国在进入现代世界的文化联系的时候，已经拥有悠久的文化历史和极为丰富的文化遗产，同时又面对着较之我们更加发达的西方资本主义国家的文化，这有可能成为中国文化二度复兴的伟大动力，但也有可能构成对现代中国人、现代中华民族的一个更加巨大的异化力量，使我们在中外纷纭复杂的文化现象面前，乱了方寸，抓住了"文化"，但却失掉了自我，失掉了自我在世界上的主体性，即不是由我们驾驭文化，而是由文化驾驭我们。这种文化的异化，常常是在文化错位的情况下发生的。一种文化，就是一种话语，它的意义和价值是在自己的语境中表现出来的，是在与特定对象的关系中呈现出来的。当将这种话语从一个语境转移到另外一个语境，从一种关系转移到另外一种关系中去的时候，它的意义和价值有可能发生这样或那样的变化。在这时候，接受者假若不是用自己的自然的人性，不是用自己朴素的心灵，不是用自己求生存、求发展的生命意志，直接感受对象对于自我的意义和价值，而是将其在别个语境、别种关系中的意义和价值当作对于自己的意义和价值，并且自觉或不自觉地将其作为自己文化选择乃至生命投放的根据，就会被这种文化所异化，将"自我"异化为"非我"。这种文化自身的意义和价值也就在我们的运用中程度不同地向着自己的对立面转化：科学的变成非科学的，革命的变成非革命的，真的变成假的，善的变成恶的，美的变成丑的。中国古代的文化有可能在现代社会发生这种异己的变化，西方文化也有可能在中国发生这种异己的变化。这就需要中国现代人用自己的心灵、用自己独立的生命意志和要求去重新感受、了解和理解这一切。在人类文化中，只有文学艺术是只能用自己的心灵去感受而不能仅仅用理智、用推理、用逻辑去判断的对象，是使我们能够不断回归自我、回归自我的自然本性、回归自我的生命本体的方式。这并不意味着所有的文学艺术作品都能实现这种人性复归的目的，但它却是所有杰出的文学艺术作品的主要标志。

"新国学"论纲（上）

像我们不能将胡适的实用主义同李大钊的马克思主义的对立绝对化、两极化一样，我们更不能将胡适的学院文化同鲁迅的社会文化的对立绝对化、两极化。实际上，直到30年代，鲁迅都在如下三个主要方面极力肯定胡适的成就，甚至较之胡适本人具有更坚定的立场和更决绝的态度：（一）胡适在五四新文化运动中的贡献。直到30年代，鲁迅都把胡适作为五四新文化运动的"前驱者""主将"，而说自己当时是"听将令的"。在对待这样一个运动的态度上，当时不论从旧文化阵营，还是从新文化阵营；不论是从左翼，还是从右翼，都有很多人在有意与无意间否定或部分地否定五四新文化运动的意义和价值，而鲁迅则是始终坚持着五四新文化运动方向的少数知识分子之一，其中也包括胡适首先倡导的白话文运动。（二）胡适的新诗创作。从20年代开始，胡适的《尝试集》就受到新诗创作界的普遍批评与反对，认为新诗创作上的薄弱是因为胡适领错了道路，但当30年代向国外介绍中国新文学的成就的时候，在新诗创作上，鲁迅仍然把胡适的《尝试集》作为新诗创作成就的主要代表作品；（三）胡适的学术研究特别是中国古代小说的研究成果。直到30年代，鲁迅仍然将胡适作为中国古代小说研究的著名学者，而向意欲从事中国古代小说研究的青年推荐其著作。我认为，即使到了现在，鲁迅所肯定的，仍然是胡适的主要历史功绩。有了这三个方面的历史贡献的胡适，已经是一个相当伟大的知识分子，一个改变了中国文化历史的巨人，一个开创了新文学传统的现代文学家，一个有着突出学术成就的专家学者。倒是那些企图利用胡适贬低鲁迅的人，常常把他的浅薄处说成是深刻处，这不但不会给胡适增加光彩，反而会掩盖他的光辉。

鲁迅和胡适的分歧是在怎样一个意义上发生的呢？我认为，只要我们撇开那些细枝末节的东西，我们就会很容易地看到，当胡适仅仅将当时学院教授的文化观念和思想观念作为唯一正确的、具有指导意义的、普遍的社会文化观念在中国社会上予以提倡和宣传的时候，鲁迅就会立于他的对立面进行文化的反抗。这种反抗的意义在于，当时的学院文化并不能体现中国社会各个阶层，其中也包括像鲁迅这样的现代知识分子求生存、求发展的生命意志和精神需要。中国现代知识分子必须尊重每一个人在自己人生感受和生命体验基础上的独立选择，自己选择，自己负责，不能以自己的选择代替别人的选择，不能把自己的选择当作唯一正确的选择。直至现在，我们学院派知识分子都习惯于笼统地反对"激进主义"，主张中庸和平。实际上，在现代社会，这种人生观念更属于我们这些有了一定的物质生活保障和思想自由的空间、希望在和平的环境中有序地从事教学和科研活动的学院教授，而不属于处于权力斗争漩涡里的政治家或革命家，不属于在现代经济体制内部进行着经济竞争的实业家，不属于在社会生活中尚没有找到自己固定的社会位置，还没有稳定的物质生活保障和自我表现的自由空间的中下层知识分子，更不属于在温饱线上挣扎的底层广大社会群众。不论他们在口头上如何言说，但其心态都不可能是中庸和平的。所以，在1919年胡适与李大钊围绕"问题"与"主义"进行的思想论争中，鲁迅既没有完全站在李大钊政治革命的立场上呼唤俄国式的"激进主义"，因为鲁迅认为，中国的社会群众尚缺乏信仰某种思想学说的精神基础，但也反对胡适对俄国式"激进主义"的绝对排斥态度，因为胡适的温和主义态度是建立在当时在现代教育体制内获得了顺利发展并具有了较高社会地位的极少数学院知识分子的生命感受和人生体验的基础之上的，它甚至无法代替李大钊这样的学院教授的社会感受和人生体验。民族的危机、社会的危机、政治的危机、文化的危机仍然严重地威胁着中国人，特别是中国知识分子的心灵安宁。"激进主义"假若不是仅仅建立在西方文化的教条上，而是建立在中华民族求生存、求发展、求独立、求自由、求民主的生命意志上，就是现代中华民族不可或缺的巨大社会力量、思想力量和精神力量。学院知识分子可以不选择它，但却没有理由反对别人的这种选择。在这里，我们所看到的，实际是鲁迅的社会文化的立场。

鲁迅所体现的社会文化与胡适所体现的学院文化的正式分流是在胡适提倡整理国故，提倡考据学、训诂学，为青年开列必读书目等事件发生后逐渐表现出来的。我们看到，所有这一切，都是只有在学院文化内部才有相对合理性的举措。在学院文化内部，是有导师的，是有导师和学生的特定关系的，导师在必要的时候也是可以，甚至应该给学生开列必读书目的。但所有这一切，都是在特定专业范围内传授知识和技能的需要，都是面对修习特定专业的学生而言的。脱离开这种特定的关系，将这类学院文化的"习俗"转移到学院文化外部的整个社会文化中去，其荒诞性的一面就暴露出来了。在这个范围中，"导师"就不再仅仅是修习某种专业的学生的导师，而成为全国青年，乃至全体国民的导师了，"青年必读书"就成为新的圣贤经传了。学院内部的导师制不能引入到社会文化之中去，学院教授的话语形式不能成为整个社会文化的话语形式。在西方文化中，"上帝"已经死了；在中国文化中，"圣人"已经死了。在中国古代，"圣人"就是全体国民的"导师"，现代中国知识分子通过五四新文化运动正式结束了孔子作为中国全体国民的导师、作为中国的"圣人"的资格，假若连孔子也已经失去了成为我们全体国民的导师的资格，那么，也就意味着任何一个人都不再能够成为全体国民的导师或圣人。现代教育的发展、现代教育的普及，其目的就是提高全体国民自己感受、自己体验、自己思考、自己选择人生道路和文化道路的自觉性，现代文化是为这一目的服务的，而不是代替别人进行选择的。所以鲁迅发出的呼吁至今仍是铿锵有力的：

青年又何须寻那挂着金字招牌的导师呢？不如寻朋友，联合起来，同向着似乎可以生存的方向走。你们所多的是生力，遇见深林，可以辟成平地的，遇见旷野，可以栽种树木的，遇见沙漠，可以开掘井泉的。问什么荆棘塞途的老路，寻什么乌烟瘴气的鸟导师！①

十三

当我们把视线转移到当时的学院文化内部，胡适的独立作用和意义就是不能忽视的了。

假若让我用一句话概括胡适在中国现代学术史上的作用和意义，那么，我就可以说：胡适是在现代高等教育体制之下产生的第一个具有相对完整意义的中国现代学院派知识分子。由于胡适的出现，中国才开始

---

① 鲁迅：《导师》，载《鲁迅全集》第3卷，人民文学出版社，1981，第56页。

搭建起一个现代学术研究的平台。

我是在下列几个意义上说这句话的：

首先，如前所述，中国的学术革命发生在晚清维新运动的前后，但那时在中国学术革命中发挥了关键作用的是维新派或革命派的在野知识分子。他们首先引进了西方的某些学术观念，对中国固有的宗经传道的学术观念进行了初步的批判，迈出了中国学术革命的第一步。但他们还不是中国现代教育体制下的学院知识分子，他们的学术活动在其总体上不属于认识论的范畴，而属于政治实践论的范畴，具有更浓厚的政治宣传的色彩，他们不是以认识世界、认识社会、认识人类及其文化为终极追求目标的现代学者或教授。在五四时期，直接继承了那时的学术传统的是李大钊和陈独秀，而鲁迅和周作人则主要继承着章太炎的精神性追求目标，并在此基础上开辟了中国的新文学传统。在"五四"之后，主要转向了学术研究并以学院教授、学者的身份参与中国现代文化活动的当首推胡适。

第二，中国现代文化的一个突出的特点是，它是中国知识分子在中国固有文化和西方文化这两种不同的文化传统的基础上重新建构起来的一种新的中华民族的文化传统。这同时也是中国现代学术的特点。鸦片战争之后，西方学术就作为一种与中国固有学术传统不同的学术体系呈现在中国知识分子的面前，少数我们后来称之为"先进"知识分子的中国知识分子就已经开始接受西方学术的影响，并有意用西方文化的某些观念反思或批判中国固有的学术传统，但在那时，还没有像胡适这样在西方接受系统的教育和训练并在此基础上从事专业的学术研究的知识分子，即使像鲁迅、周作人这样一些五四时期留学日本归国的中国知识分子，也大半没有接受西方专业的学术教育和训练，并且日本也不是西方文化的策源地。当然，这并不意味着像胡适这类留学英美的知识分子较之鲁迅、周作人这类留学日本的知识分子一定更能得西方文化的"神髓"，但至少在当时的社会上，乃至在当时的中国知识分子之中，对于胡适所理解的西方文化，有着更大的信任度，为中国人，特别是中国知识分子接受和理解西方文化开辟了一个更加畅通的渠道。不论胡适理解和运用中的实用主义哲学与西方实用主义哲学传统有着多么大的差异和区别，胡适仍然是在杜威实用主义哲学的基础上形成自己的基本哲学观念并在中国现代哲学史上开辟了中国现代实用主义哲学传统的一个中国现代学者。通过杜威的实用主义哲学，他把中国古代墨子的逻辑学、范缜的"神灭论"等带有唯物主义倾向的古代哲学、清代乾嘉学派的治学方法等联系起来，在中国古代文化和西方文化之间架起了一座可以相互过渡和相互发明的文化桥梁，从而也为中国文化的世界化奠定了一定的基础。

第三，中国古代以宗经传道为基础的学术文化是以古代"经典"文本为基本的建构基础的，是"教条主义"的，而中国现代学术则是以"科学"的观念以及科学的方法论为基本的建构基础的，是以"求知"（求新知）为目的的。所以，虽然胡适对于"科学"以及"科学方法论"的理解还有自己的片面性，带有明显的科学主义倾向，但他到底将中国学术从宗经传道的目的下解放出来，使之转移到以科学为基础的研求新知的目的上来。他说："我的思想受两个人的影响最大：一个是赫胥黎，一个是杜威先生。赫胥黎教我怎样怀疑，教我不信任一切没有充分证据的东西。杜威先生教我怎样思想，教我处处顾到当前的问题，教我把一切学说理想都看作待证的假设，教我处处顾到思想的结果。这两个人使我明了科学方法的性质与功用……"[①]假如我们不是将胡适的这种思想理解为多么深奥的哲学，而是将其理解为现代学术赖以建立的前提，我认为，它的意义实际是很重大的。

第四，胡适主要不是一个自然科学家，而是一个人文学者，一个社会科学学者，但他通过科学方法论的提倡，却将文学研究、社会科学研究和自然科学研究联系在了一起，使中国现代学术有了自己的统一性，结束了中国古代学术"道""器"二元对立的观念。

第五，中国古代的学术体系，是由经、史、子、集这样一些依照价值大小建立起来的塔式学术体系，到了胡适及其著作中，中国的学术体系才由像语言学、文字学、文艺学、教育学、哲学、逻辑学、宗教学、历史学、民族学、政治学、经济学、法律学、地理学、数学、天文学、

[①] 胡适：《介绍我自己的思想》，载《胡适文集》第5卷，欧阳哲生编，北京大学出版社，1998，第507—508页。

物理学、化学这样一些具有平等地位的不同学术领域构建起来。显而易见，这才是我们现在仍然存在并运行着的中国现当代学术体系。胡适不是这个学术体系的实际构建者，但却是以这样一个学术体系为自己的基本学术观念而进行着自己的学术研究的。

第六，在胡适的学术著作中，既有像《中国古代哲学史》《先秦名学史》《中国中古思想史长编》《中国中古思想小史》《戴东原的哲学》《章实斋先生年谱》《科学的古史家崔述》等研究中国古代正统雅文化的学术著作，也有《白话文学史》《国语文学史》《〈水浒传〉考证》《〈水浒传〉后考》《水浒续集两种序》《〈红楼梦〉考证》《跋〈红楼梦考证〉》《跋乾隆庚辰本〈脂砚斋重评石头记〉抄本》《吴敬梓传》《吴敬梓年谱》《〈西游记〉考证》《跋〈四游记〉本的〈西游记传〉》《〈三国志演义〉序》《〈镜花缘〉引论》《〈醒世姻缘传〉考证》等大量研究中国古代俗文化的学术著作，这实际上改变了中国知识分子关于中国传统文化的固有观念……

所有这一切，都决定了胡适"国学"观念的改变。在章太炎那里，"国学"还主要是研究中国古代正统高雅文化的学术活动，它有时还与"国粹"这个非学术的概念混淆在一起。①而在胡适这里，"国学"实际上已经成了研究全部中国古代文化的学术活动。他的"国学"，实际上就是"国故学"。"'国故学'的性质不外乎要懂得国故，这是人类求知的天性所要求的。"②"'国学'在我们的心眼里，只是'国故学'的缩写。中国的一切过去的文化历史，都是我们的'国故'；研究这一切过去的历史文化的学问，就是'国故学'，省称为'国学'。'国故'这个名词，最为妥当；因为他是一个中立的名词，不含褒贬的意义。'国故'包含'国粹'；但他又包含'国渣'。我们若不了解'国渣'，如何懂得'国粹'？所以我们现在要扩充国学的领域，包括上下三四千年的过去文化，打破

---

① "国粹"这个概念本身就已经包含着固定的性质判断和价值评价，无法成为研究的对象。研究的对象必须是那些还包含着不知或不确切知道的因素的事物。

② 胡适：《论国故学——答毛子水》，载《胡适文集》第2卷，欧阳哲生编，北京大学出版社，1998，第327页。

"新国学"论纲(上)

一切的门户成见:拿历史的眼光来整统一切,认清了'国故学'的使命是整理中国一切文化历史,便可以把一切狭陋的门户之见都扫空了。"[1]他还提出了国学研究的三个方向:"第一,用历史的眼光来扩大国学研究的范围;第二,用系统的整理来部勒国学研究的资料;第三,用比较的研究来帮助国学的材料的整理与解释。"[2]

假若说章太炎的"国学"观念还常常同国粹派的"国学"观念混杂在一起的话,胡适的"国学"观念则与之划清了界限,使之与"中国学术"有了更加接近的意义。但是,他的"国学"观念与章太炎仍然有着大致相同的内涵,即它们都是以整理与研究中国古代文化典籍为基本对象的,只不过章太炎更是以自己的方式和方法整理与研究中国古代的文化典籍,而胡适则更重视用西方的、"现代的"方式和方法整理和研究中国古代的文化典籍。不难看到,正是因为如此,在那时形成的"国学"的观念,主要是一种广义的中国古代文化史的观念。

原载《社会科学战线》2005年第1期

---

[1] 胡适:《〈国学季刊〉发刊宣言》,载《胡适文集》第3卷,欧阳哲生编,北京大学出版社,1998,第10页。

[2] 胡适:《〈国学季刊〉发刊宣言》,载《胡适文集》第3卷,第17页。

"新国学"论纲（中）

十四

在我们通常的理解中，五四白话文革新的成功就意味着中国古代文言文的灭亡，五四新文化运动的胜利就意味着中国古代文化的灭亡。实际上，这种理论上的判断是违背最起码的文化常识的。人类历史上的任何变革都不是从根本上消灭此前的历史，而是赋予此前的历史以一个相对完整的形态和一个相对确定的意义。1911年的辛亥革命推翻了清王朝，但却没有消灭清王朝的历史。清王朝的历史是在辛亥革命之后才有了一个相对完整的形态和相对完整的意义的。它将永远留存在我们的记忆中，并对我们未来的发展产生各种不同形式的影响。文化就更是这样。我们如何描述五四新文化运动以及五四新文化运动之后的中国文化，至今仍然是一个有争议的问题。我认为，我们这样表述五四新文化运动所引起的中国文化的变动似乎更能贴近历史的事实：五四新文化运动的发生标志着"新文化"的产生，但却并不意味着"旧文化"的灭亡。实际上，整个中国现当代文化都是由所谓的"旧文化"与"新文化"在交叉、交织、纠缠、相互转化、相互过渡而又对峙、对立、对抗中构成的一个充满张力关系的文化格局。只有"旧文化"固然不会有我们的现当代文化；只有"新文化"，也不会有我们的现当代文化。中国现

"新国学"论纲(中)

当代文化是较之中国古代文化更加丰富和复杂的文化，它不但包括像鲁迅、胡适这样一些现代中国人所创造的"新文化"成果，同时也包括像孔子、老子这样一些古代人创造的"旧文化"成果。所有这一切，都在我们现当代的社会上存在着，流行着。现当代的中国人是在感受、理解、接受所有这些文化成果的过程中形成自己的文化心理和知识结构，并在这样一个文化心理和知识结构的基础上进行着自己的文化创造的。之所以需要对它们进行新的阐释、研究甚至批判、否定，不是因为它们已经不能发挥自己的作用，而是它们对于我们有各种不同的影响作用，需要重新思考和确立它们参与我们文化心理建构的方式和方法。驾驭自己的文化，驾驭自己，在自己无法完全左右的现实文化环境中获得自己尽量大的自由发展空间，是每个时代的每一个人都始终向往着的——虽然我们很难完全做到这一点。

我认为，只有认识到这一点，我们才会认识到现代新儒家学派在中国现当代文化史上始终存在并得到持续发展的原因和意义。

中国现代"新"儒家学派是在新文化运动之后"新"起来的，是作为中国现当代文化的一个独立的学派而发挥着自己独立的作用和意义的。

任何文化，都有其现实性和超越性的两个层面。没有现实性，一种文化就不可能被现实社会的人所理解、接受、运用，人们是通过它在现实社会所可能发生的积极作用而感受它、了解它、接受并实际运用它的。但是，文化还必须有其超越性的一面，没有超越性，很快便会完全转变为现实，而完全转变为现实的文化就不再具有文化的意义，正像一张飞机票帮我们完成了一段航程之后就不再具有飞机票的价值和意义一样。儒家文化有其"现实"的意义，那就是帮助当时的统治者实现有效的政治统治，维护现实社会的稳定与统一，实现人与人关系的秩序化。但是，创建儒家文化的不是当时的帝王本人，而是不具有政治统治权力、更没有最高政治统治权力的一个知识分子——孔子。他之所以建立了自己独立的文化学说，不是为了维护自己的政治统治，也不是为了具体维护哪一个最高政治统治者的权力地位，而是出于对人类社会的普遍关心。正是由于这种关心，使他的学说是建立在一个更高的思想原则"仁"（"仁者爱人"）的基础之上的。孔子的思想学说所有具有现实规定性的内容——礼教制度、家族制度、教育制度、伦理道德等等，都必须建立在他的仁爱原则之上，离开了这样一个基本原则，无法真正体现儒家文化的本质。在春秋战国时期，儒家文化始终只是当时儒家知识分子的一种思想学说，是儒家知识分子用以影响现实政治统治，衡量、评价乃至批判现实政治统治方式的一整套社会价值体系。这套社会价值体系之向现实性的转化是在汉代政治统治者意识到儒家文化对于巩固自己政治统治地位的作用和意义之后，但在这时，儒家文化学说也在无形中发生了一种内质的变化，即它体现的已经不是知识分子对人类社会的关切以及在此基础上建立起的社会理想，而是政治统治者维护自己政治统治地位的私利要求。假若说在孟子那里儒家文化主要矫正和批评的还是政治统治者的统治观念和统治方式，而这时，儒家文化则成了政治统治者稳定政治统治秩序、要求臣民服从自己的政治统治的方式。儒家在野知识分子仁先礼后的思想结构一旦被政治统治者所利用，不论对这种学说做出怎样的阐释，实际上都不能不转化成礼先仁后的结构形式，因为只有"礼"才具有直接的实践性，"仁"则是一种内在的精神素质，是只有通过自我的内省功夫才能够清晰地意识到的。直到孟子，儒家知识分子还是把"仁政"作为自己思想的核心的。也就是说，它是通过限制最高政治统治者的权力欲望和权力范围而实现社会统治秩序的完善化的。但到了董仲舒，将儒家文化提高到现实政治统治纲领的地位上来，"忠""孝""节""义"这些对被统治者的要求就从君臣、父子、夫妇的相互关系中单方面地被强调出来，使儒家文化主要成了束缚被统治者的思想枷锁。政治统治者为了维护一家一姓的私利统治而实行的任何残酷的镇压手段，都被掩盖在儒家伦理道德的帷幕之下。在中国历史上，儒家文化在现实关系中的这种倾斜性一直没有得到有效修正，事实上，只要它还是一种国家政治的意识形态，从根本上改变这种倾斜性就是不可能的。

但是，近代的政治革命发生了，它是在中国知识分子具有了初步西方文化知识的条件下发生的。作为国家意识形态的儒家思想文化学说直接操纵在清王朝以及维护清王朝政治统治的保皇派知识分子的手里。像历代政治统治者一样，他们对革命派的残酷镇压是在维护儒家

"新国学"论纲（中）

伦理道德的旗帜下进行的，这就使孙中山领导的政治革命不再可能以传统儒家思想学说作为自己号召革命的思想旗帜，而必须以自己在西方政治制度和政治思想影响下形成的、体现当时革命知识分子新的政治理想和国家观念的三民主义思想学说为革命的旗帜。这个革命的胜利也就使儒家文化丧失了作为国家意识形态而直接受到政治权力保护的优越地位。三民主义作为一种现代中国的国家学说替代了儒家的思想学说而成了中华民国的国家意识形态。康有为以及在他影响下的孔教会曾企图将儒家思想学说确立为国教而写入中华民国的宪法，这不能不受到当时革命知识分子的极力反对，并直接导致了五四新文化运动对孔子思想学说的批判。但我认为，正是在这种现代思潮的猛烈冲击下，中国传统的儒家文化才获得了重新生长的契机。它经过了两千余年的庙堂生涯，重新回到了自己思想的故乡，再一次成了中国知识分子阶层内部的一个思想派别。但这一次的回归，所面对的最有力的竞争者已经不是墨家文化、法家文化、道家文化、佛家文化，而是由近现代留学生从西方带进的外来文化。

在五四新文化运动过程中，公开站出来维护儒家伦理道德学说的是林纾。我认为，从林纾的身上，我们可以看到，由于长期受到政治权力的保护，当传统儒家知识分子重新面临着其他思想学说的平等竞争时，变得何等的荏弱无力。他的失败不在于他企图维护的是中国固有的文化传统，而是他仍然把维护本民族文化传统的希望寄托在政治统治的权力上，而没有以儒家文化学说的思想征服力与五四新文化运动的倡导者展开严肃认真的思想或学术的论争。这是儒家思想学说的悲剧，也是中国儒家知识分子的悲剧。在现代中国，重新给传统儒家文化注入了新的生命活力的是梁漱溟和梁启超。对于梁漱溟《东西文化及其哲学》的一些具体观点我们可以有各种不同的看法，但至少有一点值得大力肯定，那就是它是以平等的态度参与现代社会的思想论争的。这使它对传统儒家的思想学说有了与此前根本不同的阐释和理解。假若让我用一句话概括这本书对儒家文化的新的阐释和理解，那就是它不是把儒家文化作为唯一完美的思想学说加以解读和分析，而是作为一种有价值的思想学说而看待其社会的与历史的价值的。在梁漱溟的观念里，传统儒家文化已经不是一些固定不变的道德信条和思想信条，而成了一个具有普遍意义的伦理道德学说。也就是说，在他的笔下，儒家思想学说重新回归到具有超越性的伦理道德学说的层面上，成了一个可以重新生成的思想体系。至于那些在传统中国具有现实规定性的忠孝节义等具体的道德标准，已经不是儒家思想学说中最有价值、不可舍弃的东西。在这个意义上，我认为，梁漱溟的思想已经是中国现代知识分子的一种思想，具有了我们现在所说的"现代性"。但它绝不是中国现代唯一正确的思想，更不是中国现代唯一具有"现代性"的思想。因为任何一个时代都不可能只有一种思想，也不可能只有一种思想是绝对正确的。

梁启超是在晚清思想解放中起到关键作用的人物，但他的思想始终没有完全超越传统儒家思想的藩篱，始终怀抱着"致君尧舜上，再使风俗淳"的理想。辛亥革命的成功同样把他抛入到像胡适这样的现代知识分子的阶层中，成了一个现代学院派的专家、学者、教授。虽然他的基本思想倾向没有发生根本的变化，但他的文体却从号召性、鼓动性、宣传性的"新文体"转变成了陈述的、论证的、带有某种系统性的学术文体。在这时，他与五四新文化的对立再也不是国家意识形态与国家意识形态的反叛者的矛盾和对立，而具有了中国知识分子不同思想观念的矛盾和对立的性质。他的《欧游心影录》不是以排斥、拒绝西方文化的影响为旗帜的，而是与胡适等西化派知识分子一样，是以西方某个派别的思想主张为依据的。柏格森等西方现代主义哲学家对西方现代社会的批判在形成他的西方文化观念的过程中起到了关键的作用。这让我们看到，同样是接受西方文化的影响，同样是以西方文化为立论的根据，其思想路向仍然可以是极为不同的，因为西方文化也不是只有一种思想、一种哲学，中国知识分子对于西方文化的接受不是只有一种方式、一种角度。

梁漱溟、梁启超等人的出现在中国新文化的论坛上酿成了继"问题与主义"学术大论战之后的第二场学术大论战——"科学与玄学"学术大论战。假若说"问题与主义"学术大论战标志着中国现代革命文化与学术文化的分裂，那么"科学与玄学"学术大论战则标志着中国传统儒家思想学说重新成为在野知识分子的一种独立的人生观念和思想观念之后在学院派知识分子之间发生的学术分化。它们都是以否定西方马克思主义学说以及在此影响下发生的工人运动、社会革命为前提的，因而也不属于中国现代的革命文化。但新儒家学派在反对科学万能的旗帜下重新提出了现代精神文化建设的问题，并把传统儒家文化学说作为重建现代精神文化的主要文化资源。而以胡适为代表的西化派知识分子则始终坚持西方的科学传统，并认为科学传统就是现代人类文化的主要标志。假若仅仅从理论的意义上看待这次论战，实际是在学院文化内部围绕物质与精神、理智与情感、逻辑思维与直观直觉等关系问题进行的思想论争。这样一个论争而采取着"中国文化—西方文化"的学术框架，是在中国现代文化发展的特定境遇中发生的，也影响着彼此理论上的深化和相互理解的加强。

十五

美国华裔学者林毓生提出的"中国传统的创造性转化"的理论在当前中国学术界有着广泛的影响。他说："自由、理性、法治与民主不能经由打倒传统而获得，只能在旧传统经由创造的转化而逐渐建立起一个新的、有生机的传统的时候才能逐渐获得。"[①]原则上，我是同意这个命题的，但在这里有一个具体的问题，即中国传统在什么条件下、由谁、为什么以及怎样才能实现创造性的转化？实际上，任何一种传统，假若没有人对它感到失望，没有人在这种失望情绪下反对这种传统，这种传统自身是不可能发生创造性的转化的。对于长期处于国家意识形态的崇高地位、作为封建专制思想工具的儒家思想学说就更是如此。在这里，还有一个创造性地转化什么样的传统的问题。章太炎重视对佛学传统的创造性转化，胡适、鲁迅重视对墨家文化传统的创造性转化，新儒家学派重视对儒家文化的创造性转化。中国传统的创造性转化是在所有这些知识分子的不同追求中共同实现的，并且这是一个没有终点的过程，不是通过一个或几个中国知识分子的一次性努力便可一蹴而就的。

[①]林毓生：《中国传统的创造性转化》，生活·读书·新知三联书店，1988，第5页。

假若我们从整体上看待五四新文化运动之后形成的中国现代学院文化，我们就会看到，西化派和新儒家学派实际是构成中国学院文化的两个主要派别。这两个派别的具体学术成果现在都被涵盖在"国学"这个统一的学术概念之中，但在具体学术倾向上却处在对立的两极：西化派是以西方文化的现代发展为基础的，是以进化论为其立论根据的，对中国传统文化，特别是对儒家文化持的基本是批判、否定的态度，而新儒家学派的思想学说则是以中国固有文化传统为基础的，是以文化民族主义为其立论根据的，对中国传统文化，特别是对儒家文化持的基本是肯定的态度。中国传统文化在现代学院内部的创造性转化，基本是通过这两个学派的互动关系而逐渐实现的。

这种互动关系是怎样构成的呢？

首先，西方文化是在中国人特别是中国知识分子的现实感受中受到重视的。假若中国人没有对中国固有文化传统的不满感，就不会产生对西方文化的需求感乃至崇拜感，所以，西化派对中国文化传统的任何批判，归根到底都只是一种现实的批判，是中国传统文化中那些已经固化为现实而在现实的社会生活中构成了对现代中国人的束缚和禁锢的因素，现实感才是西化派知识分子文化力量的源泉。但是，如上所说，任何一个思想学说，都具有现实性和超越性两个层面，即使已经固化在现实生活中的那些因素，也并不只有一个层面，而是具有或隐或显的无数层面。西化派对中国传统文化的批判，是以这些现实层面的表现为依据的，在中国现代文化发展中的作用是现实层面的革新作用。但这样的革新只能导致中国社会一些零碎的进步和局部的革新，永远不可能是整体的、系统的，不可能改变中国社会和中国社会思想的整体基础。要将自己的革新转化为更具有整体感的革新，就必须与国家的政治权力结合在一起。实际上，连五四白话文革新也是通过国家教育部的行政命令才迅速推广到全国的。从现代国家的角度，要求的现实的发展也必须依靠西化派知识分子的知识和技能。所以，辛亥革命之后的现代社会，在国家各项事业中发挥着更重要作用的实际是西化派知识分子，而西化派知识分子也只有借助国家的力量才能发挥自己更大的作用。这样，西化派知识分子就与中国现实政治体制结合起来，具有了我们上面所说的国家主义性质，学院教授、学者实际也是这种结合的略为松散的一种形式。但是，西化派的文化价值标准到底是在西方文化中接受过来的，而不是从中国文化内部自然产生出来的，一旦它和国家政权的力量结合起来，具有了整体改革的规模，就对中国社会，其中也包括国家政治产生巨大的压力，并且会侵犯很多社会成员的实际利益或精神自由，而在这时，中国固有文化就具有了反对西方文化霸权的职能。

当中国传统文化取得了反对西方文化霸权的职能的时候，一定是西化派知识分子在西方文化的旗帜下对中国固有文化传统的现实表现进行了某些批判和否定的时候。在这时，新儒家学派对西方文化霸权的反抗不可能在已经发生了某些改变的现实层面上，而是返回到中国传统文化的更具有超越性的层面上。这实际是受到西化派知识分子反传统力量的推动后中国固有传统发生的某些形式的变化。不难看到，西化派对中国传统文化的批判在其总体上是现实的，而新儒家学派对西方文化霸权的反抗则更倚重中华民族的文化意识和文化人格，这也就使新儒家学派对中国传统文化的阐释更是精神性的，更趋向人的内在心灵素质的培养和知识分子文化人格的锻炼。不难看出，在现代新儒家的思想学说里，中国古代以礼教制度为重心的儒家文化传统，开始转化为以仁学、理学、心学为主体的精神学说，并与传统佛家文化、道家文化实现了更紧密的结合。宋明理学在现代中国受到的重视甚至超过孔子和孟子受到的重视，就是因为，宋明理学家通过援佛入儒，在理学与心学的形式下，对儒家文化中具有超越性的那些概念做了更详尽、更多样化的阐释和发挥，虽然宋明理学也是政治统治的工具，但这些具有超越性的概念却给现代新儒家学派的哲学家以更宽广的阐释空间。（在这里，我们又可以看到，如果说章太炎、胡适的学术仍然主要继承着清代学术传统的话，那么，现代新儒家的学术则主要继承着宋明理学的传统。）

中国传统儒家文化到底是在中国古代具有霸权性质的文化，中国古代的政治统治是依靠它的思想统治的力量才得以有效地维持自己的政权。进入现代社会时，国家政权虽然有了自己独立的意识形态体系——三民主义，但这个体系又可以被西化派知识分子所利用，成为消解现实政治统治权力的思想武器。所以，现实的政治统治一旦感到现实统治秩序的紊乱，就会重新举起传统伦理道德的旗帜，而在这时，新儒家学派的知识分子就很容易产生借助政权的力量将儒家文化重新上升到国家意识形态的幻想，儒家文化也就对更多的中国现代知识分子的自由性和独立性构成了威胁，从而也会重新激起西化派知识分子对儒家文化的批判热情。但这种批判仍然不能不是现实性的批判，是以中国社会发展的现实需要所进行的批判。假如从二元对立的思想模式看待这种思想分化，这似乎是中国现代文化分崩离析的过程；但从其现实文化状况来看，西化派对社会现实的批判性加强了，新儒家学派对中华民族固有的文化精神和中国古代知识分子的文化人格的重视和阐释力度也进一步加强了。在整体上，中国现代学术不是更加衰退了，而是更加繁荣了。

在过去，我们把王新命等十教授于1935年1月10日在《文化建设》上发表的《中国本位的文化建设宣言》（"一十宣言"）仅仅作为一个反面材料来看待，但我认为，它所表达的实际是直至现在仍然存于中国知识分子之中的一种带有普遍性的、其本质仍是新儒家学派的文化倾向。现在有"全球化"的口号，随之而来的就必然有"民族性"的要求。这是一个民族文化永远也不可分离的两种发展趋向，而不可能只有其中的一种趋向。

> 中国在文化的领域中是消失了；中国政治的形态，社会的组织，和思想的内容和形式，已经失去它的特征。由这没有特征的政治、社会和思想所化育的人民，也渐渐的不能算得中国人。所以我们可以肯定的说：从文化的领域去展望，现代世界里面固然已经没有了中国，中国的领土里面也几乎已经没有了中国人。
>
> 要使中国能在文化的领域中抬头，要使中国的政治、社会和思想都具有中国的特征，必须从事于中国本位的文化建设。[①]

他们提出要"用批评的态度，科学的方法，检阅过去的中国，把握现在

---

① 王新命等：《中国本位的文化建设宣言》，载蔡尚思主编《中国现代思想史资料简编》第3卷，浙江人民出版社，1983，第763页。

的中国，建设将来的中国"①。

假若说中国本位的文化建设实际是中国现代新儒家学派的一个思想纲领，那么"全盘西化"则是西化派的一个思想纲领。这两个纲领的极端性质使两个派别的多数学者都不能够承认它们。但只要从文化倾向上考虑问题，就不能不承认，这两个纲领实际就是这两种文化的最终归宿。西化，不能是一点、两点，必须成一独立的系统，并且这个系统是西方的，而不是中国固有的。也就是说，中国文化要大换血，把中国固有的文化通过新陈代谢统统排泄出去，把西方文化全盘地接受过来。胡适在1929年的一篇文章中，指出中国文化与西方文化的冲突有三种解决办法：其一是抗拒，其二是全盘接受，其三是有选择地采纳。他所主张的是全盘接受的态度。②（后来，胡适又用"充分世界化"代替了"全盘西化"的提法，但他既然是在与抗拒、选择两种办法相区别的意义上使用"充分世界化"这个概念的，也就与"全盘西化"没有了本质的区别。）③将全盘西化论提高到一个完整的理论体系的是陈序经。他曾先后出版过《中国文化的出路》《东西文化观》《全盘西化言论集》《全盘西化言论续集》《全盘西化言论三集》等多部著作，系统阐释了"全盘西化"的理论主张。实际上，中国本位文化建设的主张与全盘西化论的主张是在对立中显示其各自的价值和意义的：正是因为有了全盘西化的主张，我们才感到坚持中国文化的独立性、民族性的必要，才感到中国本位文化论的价值和意义。与此同时，也正是因为有了中国本位文化的主张，我们才感到中国文化现代化的艰难，才感到"全盘西化"论的价值和意义。传统派被西化派逼到了"唯传统主义"的一极，西化派也被传统派逼到了"唯西化主义"的一极。在"传统""西化"这样一个二元对立的框架内，事情只能是

---

① 王新命等：《中国本位的文化建设宣言》，载《中国现代思想史资料简编》第3卷，1983，第764页。

② 胡适：《文化的冲突》，载《胡适文集》第11卷，欧阳哲生编，北京大学出版社，1998，第167页。

③ 胡适：《充分世界化与全盘西化》，载《胡适文集》第5卷，第453—455页。

这样的。

在理论上，西化派和新儒家学派是对立的，但作为文化，它们又是统一的。这种统一分明是由于以下几个方面所决定的：（一）他们都不属于中国现代革命文化的范畴，同时也不属于国家意识形态的范畴。就其实际身份，他们都是学院派知识分子。不论他们的文化观念和学术观念在当时的社会上与国家意识形态与现代革命文化有着什么样的具体关系，但他们学术活动和学术思想的本身，都不具有直接政治实践的意义；（二）不论他们的文化立场是立于西方还是立于传统，他们的思想立场都是立于现代中国文化的存在与发展的，都是不满于中国社会和文化的现实状况的。西化派的学术不属于西方文化，传统派的学术也不属于中国古代文化，他们都是中国现代学术的构成成分；（三）他们的文化资源都不再是完全单纯的，西化派同样具有中国古代的文化知识，新儒家学派同样具有西方文化知识。他们已经是在文化开放的语境中成长起来的一代知识分子，他们的不同只是介入现代学术的角度和途径的不同；（四）就其当时的学术贡献，这两派知识分子都集中在中国古代文化的研究上。西化派更重视中国古代文化史料的挖掘和整理，新儒家学派更重视中国古代哲学思想的重新阐释和系统化。二者这种分别又不是绝对的，他们都有向自己的对立面过渡的趋势：重史料的渐渐从史料中产生出自己的观念来，在史料的整理中寻出历史发展的脉络来；重哲学的渐渐把新的史料结合到自己的哲学思考中来，并且大量学者并没有明显的派别意识，从而使中国现代学院文化构成了一个你中有我，我中有你的学术整体，这个整体就是当时人们所说的"国学"。

十六

实际上，五四新文化运动之后，中国文化的分化绝不仅仅停留在陈独秀和李大钊所体现的中国现代革命文化、鲁迅和周作人所体现的中国现代社会文化、胡适所体现的中国现代学院文化的分化趋势中，在学院文化中，也不仅仅停留在传统派和西化派的分化趋势中，西化派和西化派，传统派和传统派也在发生着不断的分化。

"新国学"论纲(中)

假若说梁漱溟、梁启超在总体上还可以称之为传统派,他们是立于中国古代思想的根基上感受、理解和评价现代中国的社会变革和文化变革的,那么,学衡派诸学者则已经不能被认为是传统派,他们也不是立于中国古代思想的根基上感受、理解和评价现代中国的社会变革和文化变革的。这个学派的创始人大都是与胡适同时留学美国的外国留学生,是最早接受系统的西方教育的中国学者。用现在的一个时髦词语来说,他们与胡适都是"地球村"的居民。但同是"地球村"的居民,他们接受的思想影响却截然不同。胡适在美国接受的主要是杜威实用主义哲学的影响,而学衡派诸学者师从的则是白璧德的新人文主义学说。杜威的实用主义是讲进化论、讲社会进步、讲民主自由的,是重科学、重实验、重逻辑、重独立创造的,用现在的话来说,就是追求"现代性"的。而白璧德的新人文主义则不主张进化论,不着眼于社会进步,是反对科学主义的,更重视传统和传统的道德规范,重视规则和纪律,强调人的自我约束。用现在的话来说,就是"反现代性"的。实际上,直至现在,这仍是西方文化中两种根本不同的思想倾向。当他们带着这两种不同的思想倾向看待中国文化,也就有了两种不同的思想表现和学术倾向。胡适在中国成了五四新文化运动的领袖,而学衡派则成了反对五四新文化运动的桥头堡,学衡派诸学者与五四新文化运动的倡导者们之间的论战也就成了一场不可避免的论战。假若说科玄论战和胡适与梁漱溟的论战都带有浓厚的"中—西"论战的性质,这次论战则已经超越了"中—西"论战的范围,成为中国现代史上第一次真正具有现代学术意义的"现代性"与"反现代性"的论战。就五四白话文革新这个特定的历史事件,学衡派诸学者在论战中是失败者,但作为一种思想倾向和学术倾向,胡适所体现的实用主义和学衡派诸学者所体现的新人文主义却不能不都是中国现代的思想潮流和学术倾向,具有平等的思想地位和学术地位。梅光迪、胡先骕、吴宓、汤用彤、柳诒徵、太虚、陈寅恪等著名学者都是在这个学术团体中成长起来的。特别是陈寅恪,作为中国史学领域的大师级学者,至今有着广泛而深入的影响。

"抗战以前,初出茅庐的学者,常常追随三大'老板',分别是'胡老板（胡适）'、'傅老板（傅斯年）'和'顾老板（顾颉刚）'。"①傅斯年和顾颉刚都是胡适的学生，傅斯年创办了历史语言研究所，在整个中央研究院的组织事务中也起了很大的作用。他亲自领导了河南安阳的殷墟考古发掘，一大批著名的历史学家、考古学家如董作宾、李济、毛子水等，都在他的领导下从事历史研究，形成了一个历史研究的队伍，对于中国现代历史研究、考古学研究都做出了自己的贡献。他的历史学观念基本上继承了胡适的重史料、重整理的观念。在为历史语言研究所写的《历史语言研究所工作之旨趣》中，他提出要"上穷碧落下黄泉，动手动脚找东西"。并说："一、把些传统的或自造的'仁义礼智'和其他主观，同历史学和语言学混在一气的人，绝对不是我们的同志！二、要把历史学语言学建设得和生物学地质学等同样，乃是我们的同志！三、我们要科学的东方学之正统在中国！"②

顾颉刚是"古史辨"派的开山祖师，20年代就蜚声史坛，用当时傅斯年的话来说，就是"在史学上称王了"。1949年以前，他历任厦门大学、中山大学、燕京大学、北京大学、云南大学、齐鲁大学、中央大学、复旦大学、兰州大学、震旦大学等多所大学教授，曾创办禹贡学会，主编《禹贡》半月刊。著名的历史学家童书业、谭其骧、杨向奎都是他的学生，在中国现代学院派史学领域发挥了举足轻重的作用。他的最大的贡献是对于中国古史的研究，提出了层累地造成的古史的观点。当谈到自己的古史研究的时候，他说："中国人向来有个'历史退化观'的谬见，以为愈古的时代愈好，愈到后世便愈不行，这种观念根深蒂固地种在每个国人的脑海中，使大家对于当世的局面常抱悲观，而去幻想着古代的快乐。目前我国民族文化的不易进步，这也是一个大原因。海通以来，西洋的新科学和新史学输入到中国，使国人思想上受了很大的刺激，开始发现过去历史观念的错误，于是对

---

①王晴佳：《〈当代中国史学〉导读》，载顾颉刚《当代中国史学》，上海古籍出版社，2002，第9页。

②傅斯年：《历史语言研究所工作之旨趣》，载《傅斯年全集》第4卷，台湾联经出版事业公司，1980，第266页。

古史传说，便渐渐开始怀疑了。"①也就是说，进化论、西方的科学方法论是他的古史研究的思想纲领。

实际上，这个纲领并不仅仅是西方文化影响的结果。与其说是在西方学术传统的基础上建立起来的，不如说是用西方的概念表述了晚清今文学派的学术传统。

> 我当时愿意在经学上做一个古文家，只因听了太炎先生的话，以为古文家是合理的，今文家则全是些妄人。但我改不掉的博览的习性总想寻找今文家的著述，看它如何坏法。果然，《新学伪经考》买到了。翻览一过，知道它的论辩的基础完全建立于历史的证据上，要是古文的来历确有可疑之点，那么，康长素先生把这些疑点列举出来也是应有之事。因此，使我对于今文家平心了不少。后来又从《不忍杂志》上读到《孔子改制考》，第一篇论上古事茫昧无稽，说孔子时夏、殷的文献已苦于不足，何况三皇五帝的史事，此说即极惬心餍理。下面汇集诸子托古改制的事实，很清楚地把战国时的学风叙述出来，更是一部绝好的学术史。虽则他所说的孔子作《六经》的话我永不能信服，但《六经》中掺杂了许多儒家的托古改制的思想是不容否认的。我对于长素先生这般的锐敏的观察力，不禁表示十分的敬意。我始知道古文家的诋毁今文家大都不过为了党见，这种事情原是经师做的而不是学者做的。我觉得在我没有能力去判断他们的是非之前，最好对于任何一方面也不要帮助。于是我把今古文的问题暂时搁起了。
>
> 又过了数年，我对于太炎先生的爱敬之心更低落了。他薄致用而重求是，这个主义我始终信守，但他自己却不胜正统观念的压迫而屡屡动摇了这个基本信念。他在经学上，是一个纯粹的古文家，所以有许多在现在已经站不住的汉代古文家之说，也还要替他们弥缝。他在历史上，宁可相信《世本》的《居》篇、《作》篇，却鄙薄彝器钱物诸谱为琐屑短书；更一笔抹煞殷墟甲骨文字，说全是刘

---

①顾颉刚：《当代中国史学》，上海古籍出版社，2002，第122—123页。

鸦假造的。他说汉、唐的衣服车驾的制度都无可考了，不知道这些东西在图画与铭器中还保存得不少。在文学上，他虽是标明"修辞立诚"，但一定要把魏、晋文作为文体的正宗。在小学上，他虽是看言语重于文字，但声音却要把《唐韵》为主。在这许多地方，都可证明他的信古之情比较求是的信念强烈得多，所以他看家派重于真理，看书本重于实物。他只是一个经师改装的学者。①

如前所述，新儒家学派主要继承着宋明理学的学术传统，章太炎、胡适主要继承着清代学术传统，而在清代的学术传统中，章太炎主要继承着清代古文学派的学术传统，胡适一系则继承着晚清以廖平、康有为为代表的今文学传统。即使在这个派系的三个领袖人物之间，其思想倾向和学术倾向其实也是不尽相同的。胡适是五四新文化运动的领袖，他虽然提出"整理国故"的口号，但其目的仍在于科学方法论的提倡，有着学术革命的性质，与他整体的社会关怀和文化关怀并不矛盾。他热情支持了顾颉刚的历史研究，但当顾颉刚的治学道路在中国青年学子中产生了更广泛的影响，他便发现很多青年在他"整理国故"的口号下实际走上了"为学术而学术"的道路，失去了对于社会改革和文化改革的热情，其研究对象也仅仅停留在中国古书的文字记载上，于是他在强调科学方法的同时，又进一步提出了"材料"的问题，并对顾颉刚的学术研究提出了婉转的批评："然而从梅鷟的《古文尚书考异》到顾颉刚的《古史辨》，从陈第的《毛诗古音考》到章炳麟的《文始》，方法虽是科学的，材料却始终是文字的。科学的方法居然能使故纸堆里大放光明，然而故纸的材料终究限死了科学的方法，故这三百年的学术也只不过是文字的学术，三百年的光明也只不过是故纸堆的火焰而已！"②假若我们不把胡适的批评视为对顾颉刚学术思想的简单否定，而视为两个学者学术思想的差异和矛盾，我们就很容易发现，胡适虽然也提倡怀疑精神，从

---

① 顾颉刚：《古史辨自序》上册，河北教育出版社，2000，第42—43页。
② 胡适：《治学的方法与材料》，载《胡适文集》第4卷，欧阳哲生编，北京大学出版社，1998，第107页。

总体上却与钱玄同、顾颉刚的疑古传统有所不同，他也不属于顾颉刚的"古史辨"派，对于顾颉刚的"层累地造成的古史"的观点也有不同的见解。但从顾颉刚一方面来说，他在历史研究和民俗学研究中的贡献，又是胡适所无法代替的。他在这两个方面的影响，都直接影响了1949年之后的内地学术界。在内地的历史学界，他是一个历史学派的代表人物；在内地的民俗学界，他的学生钟敬文继续着他的事业，并建立起了一支雄厚的民俗学研究队伍。

较之顾颉刚，傅斯年更是一个胡适的忠实门生。但在具体的治学道路上，傅斯年与其说继承了胡适的传统，不如说更是罗振玉、王国维学术传统的后继者，并把这一传统国家化、制度化了。较之顾颉刚和胡适，傅斯年更具有组织才能和领导才能，入世更深，在胡适一系的学者中间，与顾颉刚的"为学术而学术"的倾向恰成鲜明的对照。他与顾颉刚的交谊最早，但分手也最早。1949年之后，胡适去了美国，顾颉刚留在了内地，傅斯年则去了台湾。三驾马车各奔东西。但只要我们着眼的不是人事关系而是中国学术事业的发展，就会感到，他们仍然是"同志"，而不是"敌人"。

十七

顾颉刚是胡适的弟子，是沿着胡适"整理国故"的思路发展起来的，但胡适最终又表示了对顾颉刚的不满，在当时有些学者看来，这是因为胡适发生了变化。实际上，胡适没有变，顾颉刚也没有变，只是二人的学术思想在开始时就有根本差异。胡适是一个学问家，但也是一个哲学家，他之提倡"整理国故"是有其哲学基础的，那就是他的实用主义哲学观。他的"大胆假设、小心求证"的科学方法只不过是他的哲学思想在中国文化研究中的具体运用罢了。而在顾颉刚这里，胡适的科学方法充其量仍然等同于清季乾嘉学派的考证方法，更像是做学问的一种技术要求，并不具有世界观和人生观方面的价值和意义。顾颉刚的历史观实际是建立在真实的历史与书写的历史的差异意识之上的。他认为在书写的历史之外还存在着一个真实的历史，而书写的历史则因为书写者的各种思想的或实利的需要会歪曲真实的历史,而他所做的工作就是证伪的工作,是首先把伪造的书籍与伪造的记载清除出去,从而在剩下的真实的记载中重构中国古代真实的历史。顾颉刚的历史研究不是没有价值的,但其价值是对古代史料的重新鉴定和识别,而不具有重新感受、理解和思考中国古代历史本身的价值和意义。胡适的历史研究具有沟通古今的作用,顾颉刚的历史研究在其总体上只能说明历史。他无法在古与今中建立起有机的联系,但又感到这个工作是有意义、有价值的,"为学术而学术"也就顺理成章地成了他学术思想的基础。

但是,"五四"之后,中国现代哲学也同其他各种思想一样,发生着向外转和向内转的两种倾向。所谓向外转,就是哲学被各种不同领域的知识分子所接受,并在不同领域发展起不同的哲学思想或哲学思想倾向。在当时的国家意识形态范围内,孙中山的"知难行易说"是作为一种哲学思想被接受和被阐释的,戴季陶的国家主义实际也是国家意识形态的一种表现形式;在中国共产党领导的革命队伍中,马克思主义哲学得到了大力的提倡和广泛的传播,这孕育了毛泽东哲学思想的诞生;在新文学作家中,尼采的超人学说、柏格森的生命哲学、叔本华的悲观主义哲学、弗洛伊德的精神分析学说、克罗齐等人的美学学说等等,得到了广泛的传播,并通过文学艺术的创作和美学思想的建构具体表现出来,构成了鲁迅、周作人、朱光潜、宗白华等人的美学思想。所有这些思想,严格说来,都还不是哲学家的哲学,而是各种不同文化领域的哲学思想。在现代中国,属于哲学家的哲学的是学院教授和学者的哲学。胡适的哲学和新文化运动初期梁漱溟等新儒家学派的哲学、张东荪的新康德主义哲学、张君劢的自由意志论、丁文江的感觉复合论等等,既属于学院教授和学者的哲学,同时也被广泛运用于中国文化运动,具有更广泛的社会性质。真正属于学院教授和学者的哲学的,当以冯友兰、金岳霖、熊十力为代表。

在现代中国,哲学家的哲学有一个特点,即他们是把哲学作为一门学问、一门知识来研究,来思考的。在他们面前,有两个主要的哲学知识体系:其一是西方哲学的知识体系,其二是中国古代的哲学知识体系。作为一个学院教授和学者,对这两个不同的哲学知识体系都要掌握和了解,这就产生了他们的哲学的第二个特点:努力以自己的方式沟通东西方哲学,并且主要是用西方哲学的概念来重新阐释和解读中国古代的哲学概念的。冯友兰、金岳霖都是美国哥伦比亚大学的哲学博士,熊十力虽然不是"海归派",但早年也曾致力于反清革命,不是我们通常意义上说的"复古主义者"。冯友兰在谈到他的哲学思想时说,他对中国古代哲学是"接着讲",而不是"照着讲":"中国需要现代化,哲学也需要现代化。现代化的中国哲学,并不是凭空创造一个新的中国哲学,那是不可能的。新的现代化的中国哲学,只能是用近代逻辑学的成就,分析中国传统哲学中的概念,使那些似乎是含混不清的概念明确起来,这就是'接着讲'与'照着讲'的区别。"①冯友兰的"新理学"是用西方的逻辑学阐释中国古代的理学,金岳霖的《论道》是用西方的逻辑学阐释中国古代的道学,熊十力则用佛学的观念说明中国古代的心学。他们所做的都是"会通"的工作。这在东西方哲学或中国古代不同哲学思想之间架起了相互沟通的桥梁。

实际上,这种通过"释古"而进行的东西方学术的会通性研究,并不仅仅局限在学院教授和学者的哲学研究领域,而是形成了整个清华学派的主要学术传统。五四新文化运动发生在北京大学,那时提倡新文化的中国知识分子面对的是反对文化革新的信古派或复古派知识分子,不论他们对中国古代文化具有怎样的实际感受和理解,输入西方文化、打破中国固有文化传统的封闭性,都是他们不得不采取的主要文化战略。这在更新一代的青年学者中形成了以疑古为主要特征的"古史辨"派。清华学派是在五四新文化运动取得形式上的胜利之后形成的,这时的中国文化已经不是一个绝对封闭的文化,中国固有的文化传统同不断输入的西方文化知识构成了中国现代文化中两个不同的知识体系,这也成了新一代中国知识分子的知识结构形式,将二者会通整理以实现其统一性就成了这个新的学派的主要学术传统。徐葆耕认为清华学派的学术传统有以下四个方面的特征:"第一、对传统文化与外来文化,不取'两极'对抗的思维模式,而取'综合'模式,即通过解释学的方法援'外'入

---

① 冯友兰:《中国现代哲学史》,广东人民出版社,1999,第200页。

'中'，以实现传统的创造性转化；第二、对历史与现实，既强调准确把握历史本质，又要具有鲜明的时代色彩；第三、微观与宏观，既强调微观的谨严，又重视宏观的开阔，'兼取京派、海派之长'；第四、在操作方法上重视西方的理性精神和逻辑方法，同时吸取传统训诂学之长，使论文具有克里斯玛式的权威气质。"[1]冯友兰、金岳霖、贺麟、张申府、张岱年、闻一多、朱自清、杨树达、王力、陈寅恪、蒋廷黼、钱稻孙、雷海宗、陈达、吴景超、潘光旦、李景汉、王文显、陈福田、吴宓、叶公超、钱锺书、俞平伯、林庚、季羡林、余冠英、王瑶、董同和、许世瑛等等，这一大批学者都曾在清华任教。正如徐葆耕所说，这个学派的特点，"并非清华学派所独有，而只是在清华具有相对的'集团性优势'"[2]。在我看来，它实际是五四新文化运动过后中国学术发展的主潮。

但是，我认为，这种"会通"的工作也不是没有困难的。就以哲学而言，在中国古代，实际是没有"哲学"这个学术概念的，这个概念是从西方学术中输入的。将中国古代一些思想学说纳入到"哲学"这个概念中来阐释，来分析，其本身就与中国古代一些思想学说的建构方式和建构原则有了很大的不同。西方的哲学，不论是古希腊罗马的哲学，还是文艺复兴之后发展起来的近代哲学，都与自然科学和数学的研究有着密不可分的关系。特别是在中国学院哲学中影响甚大的罗素、怀特海、维特根斯坦等人的哲学，都与数理逻辑有关。凡是与自然科学和数学有关的哲学学说，其基础概念，大都是被研究者明确界定过的简单的、具体的、个别的、明了的概念，正像数学中的公理和定理，是作者与读者具有共识的概念。正是在这样一些基础的概念之上，西方哲学家才通过各种不同的逻辑关系导引出不同层面的抽象概念，同时也使这些抽象概念具有了简单性、具体性、个别性和明了性。它完成的是一个理性的认识过程，是新的知识的产生过程。尽管哲学的知识永远不像自然科学知识那样具有直接的可感性和实践性，但在人的理性思维结构中，它则是十分明确和具体的。而中国古代的思想学说，大都与自然科学与数学的研究没有多大关系，不论是老子学说中的"道"、孔子学说中的"仁"、

---

[1][2] 徐葆耕：《释古与清华学派》，清华大学出版社，1997，第59页。

宋明理学中的"理",还是王阳明学说中的"心",其他如"太极""阴""阳""气""数""性""命"等等,都建立在作者自身浑融的整体感受中,只有相对的明确性,是不可能给予一个十分确定的定义的。中国古代的思想家就是通过这样一些浑融的整体概念,提出对人以及人的行为的各种具体要求的。这是与中国古代思想家各自不同的人生感受和世界感受紧密联系在一起的,只要你有着与某个思想家相同或相近的人生感受或世界感受,你就能够感到其中所有具体内容的合理性,而一旦你的人生感受或世界感受根本不同于某个思想家,他的思想学说的所有具体内容也就没有了绝对的合理性。在这两种不同的哲学概念体系之间,如何实现有效的"会通",至少是一件相当困难的事情。更为严重的是,中国当代知识分子自身的现实感受既不等同于中国古代知识分子,也不完全等同于西方知识分子。如果仅仅在西方哲学概念和中国古代哲学概念之间达成一种会通式的理解,中国现当代知识分子的个性追求和时代特征能否真正地建立起来,也是一个值得认真考虑的问题。

但是,只要我们同时面对着东西两个不同的哲学概念体系,我们就会产生将两者相互沟通的愿望和要求。冯友兰、金岳霖等现代哲学家所致力的方向,至今仍是很多中国学者所致力的方向,大概将来仍然会有不少学者成为这样一个学术传统的继承者和发扬者。

十八

中国现代"国学"是在"五四"前后形成自己的传统及其基本观念的,但与它同时发展起来的还有中国现代革命文化和中国现代社会文化。

中国现代革命文化是直接继承着孙中山的三民主义文化传统建立和发展起来的。中华民国成立之后,中国社会的内部矛盾并没有平息下来,中国社会的积弱状态并没有改变,反而导致了连年的军阀混战,那些在辛亥革命期间参加过革命活动或接受了革命影响的知识分子仍然充满着对政治革命的热情和期待。苏联十月革命的胜利重新唤起了他们的革命愿望,马克思主义也顺理成章地成了他们发动新的革命的思想旗帜,从而继三民主义之后成为中国现代革命文化的主体。

马克思主义在五四新文化运动之前就已经被介绍到中国，但在那时，它是作为一般的西方文化知识介绍到中国的，不具有革命文化的性质。五四新文化运动之后，经李大钊和陈独秀的倡导和宣传，它才与中国革命运动结合起来，成为中国现代的革命文化。

按照我的理解，马克思主义在中国现代历史上经历了以下三个不同的发展阶段：

（一）学院派马克思主义向革命实践的转化期

就其身份，李大钊、陈独秀都是学院教授，他们所接受的马克思主义是理论性的，不具有直接的革命实践的性质，但他们之接受马克思主义的思想学说，就是为了革命的实践，因而当他们接受了马克思主义的思想影响之后，就直接进入了具体的革命实践，成立了中国共产党，陈独秀还担任了中国共产党的第一任总书记。但是，陈独秀主要是一个学者，一个教授，没有从事实际革命斗争的经验，其人格也更是学者型的，而不具有革命领袖的魄力和才干。革命，需要理论，但却不能只有理论，它首先是一种夺取政权的实践活动。真正的中国现代革命文化，是在革命实践过程中产生的，是为了推翻旧政权、建立新政权，并在新政权的基础上按照自己的意志改造中国社会的文化。实践的革命有可能成功，也有可能失败，但这种文化却必须是以革命的胜利为目标的。所以，陈独秀的理论主张是有研究价值的，但却不是一种完整的革命文化。

（二）留苏派知识分子领导革命以及大量社会知识分子向革命文化的转化期

陈独秀被开除出中国共产党之后，在中国共产党内担任着领导职务的主要是留苏派知识分子。这派知识分子较之陈独秀、李大钊等早期马克思主义者具有更加系统的马克思主义理论知识，但却没有陈独秀、李大钊等那么丰厚的中国文化的修养，在中国知识分子之中甚少或根本没有自己的影响。他们是从与第三国际的直接联系中获得中国共产党的领导地位的，因而也主要以第三国际的指令领导中国革命。他们的马克思主义理论基本上与中国革命的实际进程没有有机的联系，而第三国际的国际共产主义运动的政策与策略又是主要根据苏联和欧洲的具体情况制定的。所以，留苏派马克思主义者基本没有形成仅仅属于自己的革命文化。用毛泽东的话来说，他们只是一些"教条主义者"。

然而，在这个时期，却有大量社会知识分子开始向革命文化转化。郭沫若、成仿吾、蒋光慈、冯雪峰、胡风、周扬、茅盾、李达、艾思奇、侯外庐、胡绳等人，就其本来的身份，是一些与学院教授、学者不同的社会知识分子，在这个时期纷纷向革命文化转化。这一方面造成了社会文化革命化的局面，另一方面也在中国学术文化中形成了马克思主义学派。在中国马克思主义学术文化的建立与发展中起了巨大推动作用的是郭沫若，他的《中国古代社会研究》《奴隶制时代》《十批判书》等著作努力用马克思主义的阶级斗争学说和经济基础决定上层建筑、生产力决定生产关系的理论阐释中国古代历史的发展，从而超越了单纯描述中国历史的外部变动而缺乏对中国历史发展内部动力研究的固有的历史研究观念，为中国历史研究开辟了一个新的空间。郭沫若在谈到他与胡适的历史研究的区别时说，胡适做的是"整理"的工作，他所要做的是对于胡适等学者整理过的一些历史过程进行重新的"批判"：

> 我们的"批判"有异于他们的"整理"。
> "整理"的究极目标是在"实事求是"，我们的"批判"精神是要在"事实之中求其所以是"。
> "整理"的方法所能做到的是"知其然"，我们的"批判"精神是要"知其所以然"。
> "整理"自是"批判"过程所必经的一步，然而它不能成为我们所应该局限的一步。①

所以，马克思主义历史学在中国现代历史学中的真正贡献是将胡适等西化"科学"派的史料挖掘与整理同对中国历史的理论研究结合起来，为中国的历史研究提供了一种与章太炎等国学派学者不同的另外一种历史的描述方式。假若说章太炎描述的是中国古代文化精神的起伏与

---

① 参见郭沫若：《〈中国古代社会研究〉自序》，载《郭沫若全集·历史编》第1卷，人民出版社，1982，第7页。

变化，郭沫若描述的则是中国历史在中国古代经济基础上通过阶级斗争所发生的进步性变化。不难看到，他与胡适等西化派的历史研究仍有相同的特点：1.运用西方的现代科学方法对中国古代历史与文化进行整理与研究；2.其历史观都是进化论的。

由郭沫若、吕振羽、翦伯赞等人开创的中国马克思主义史学构成了中国学术文化中的马克思主义学派，但我认为，严格说来，它还不是中国现代革命文化的一个有机组成部分。在西方，马克思主义既是一个学术的理论体系，又是一种革命学说，这是由它对西方资本主义社会及其文化的批判性质所决定的。马克思主义是在启蒙运动之后形成的一种带有整体革命性的思想学说，18世纪的启蒙思想家以"自由、平等、博爱"的原则构筑了一套与中世纪宗教神学体系迥然不同的思想体系，同时也构筑了一个与传统的封建制度根本不同的社会制度，一个"理性的王国"。在启蒙主义思想家那里，其思想的理想是与其社会的理想融为一体的。西方的资产阶级革命，特别是1789年的法国资产阶级大革命，在启蒙主义思想家"自由、平等、博爱"的思想旗帜下建立起了现代资本主义制度。但是，这个制度并没有像启蒙主义思想家所想象得那么完美，"自由、平等、博爱"的原则仅仅在社会上层的资产阶级社会成员之间得到了制度上的保证，而更广大的社会下层成员——主要是工人阶级——并没有获得与资产阶级成员同等的社会权利。马克思、恩格斯就是在关注着当时工人阶级生存状况的基础上建构起自己的理论学说的，他们对西方资本主义社会的批判同时也伴随着对西方资本主义文化的批判。但是，中国现代知识分子的马克思主义史学是直接从西方马克思主义理论中接受过来的，并不直接产生在改善中国下层社会群众生存状况的革命性愿望里，更是一种学术研究的观念和方法。与此同时，马克思主义的历史观念以及对人类历史发展规律的认识是在对西方历史的认识和分析中产生的，中国文化与西方文化是在各自不同的条件下产生与发展起来的，从整体上是两种不同的文化体系，直接用马克思主义在对西方历史的描述和分析中得出的结论分析中国古代的历史，也会带有强制性的色彩。例如，直至现在，我们对中国古代的历史分期还没有一个十分令人信服的说法，对于中国古代奴隶制社会的认识还是模糊不清的。

我认为，这都是因为我们用的是西方的概念，描述的却是中国的历史。这些概念用在西方历史上是十分清晰的，但用到中国历史上就变得混沌不清了。

艾思奇在马克思主义哲学在中国的传播上也起了重大的作用。

（三）中国现代的革命文化——毛泽东思想的形成期

我之所以把毛泽东思想作为中国现代的革命文化，不仅仅因为毛泽东领导中国共产党的革命获得了胜利，更是因为他在这个革命的过程中建立了一套独立的思想理论体系。这套理论体系不是对西方马克思主义理论的分析和阐释，也不仅仅是对中国古代某种思想学说的研究和评价，而是为了他所领导的中国革命的胜利而对中国社会、中国社会的矛盾、中国的革命战争乃至对中国文化以及其中的一些根本的哲学问题所做出的思考。没有这个革命，就没有这样的思考；有了这个革命，才有了这样的思考。所以，它从本质上就是一种革命文化，并且是"中国的""现代的""革命的"文化。

在中国古代，有"盗亦有道"的说法，但既经判定为"盗"，其"道"也就没有了合法性和合理性。所以，中国古代没有革命的文化。太平天国的革命运动开始有了革命文化的萌芽，但它在中国知识分子阶层并没有发生有深度的影响，也不属于中国雅文化的范畴。真正意义上的革命文化自孙中山的"三民主义"始，它标志着中国知识分子已经在革命运动中居于主导的地位，并且把现代理性带入到社会革命的运动之中来。毛泽东思想则是继孙中山的"三民主义"之后的另外一种革命文化形态，并且具有了更鲜明的中国革命文化的特征。

从五四新文化运动发生之初，中国的学院文化就与中国现代的革命文化发生了分化，所以，时至今日，很多中国知识分子并不注意将它作为一种独立的文化形态来思考、来理解，而中国知识分子的很多悲剧也就在这种不是盲目崇拜就是冷然傲视的态度中产生出来。

十九

中国共产党并不是作为国民党的敌人而是作为国民党的伙伴而出现

在中国社会的。它与国民党联合进行了北伐战争，但在这个战争即将胜利的时候却被国民党宣布为非法，这就为中国共产党的革命赋予了合理性与合法性。革命之所以在现代世界上不被视为一种绝对非法的社会运动，归根到底是由于世界近现代国家观念的变化带来的。当国家不再被视为封建帝王一个人或一个家庭的私有财产的时候，当部分社会成员由于与现实的政治统治集团有着不同的政治理想而被政治统治集团剥夺了这个国家的公民理应享有的生存权利和自由权利的时候，当他们的生存权利和自由权利不再受到社会法律的保护的时候，他们也就只能用自己的力量保卫自己的生存权利和自由权利。在这时，一个国家内部就有了两个相互对立的权力集团以及这两个权力集团的斗争：一个是国家的政治统治权力集团，一个是革命的政治权力集团。这两个权力集团的斗争只要没有调解的可能就是你死我活的斗争。一方面，革命的合理性与合法性不是由国家的专制政权赋予的，而是由革命文化赋予的，另一方面，革命又为革命文化的形成与发展提供了现实的基础。革命者自然有了革命的权利，自然进入了革命的过程，他们就有权站在革命的立场上思考现实社会，思考现实的人与人的关系，思考革命战争以及革命战争的战略和战术问题，思考在革命战争过程中的政权建设和思想建设。而所有这一切，都是建立在一个现实的功利主义原则基础之上的：夺取革命的胜利。

学院文化的基础是知识，赋予知识以系统性的是逻辑，特别是形式逻辑，所以当金岳霖说哲学是概念的游戏的时候不是没有其合理性的。人在劳动中成长，也在游戏中成长，一个儿童在搭积木的游戏中也训练了他的基本的知识与技能。教育，包括高等教育，仍然具有在游戏中增长知识和技能的性质，学院派哲学不但能够，大概也必须具有这种概念游戏的性质。冯友兰说他的哲学是"接着讲"的，亦即以传统的哲学概念为基础，生发出自己的概念来，从而赋予传统的哲学概念以现代的意义和价值。但革命，既不是一种概念的游戏，也不是从传统的文化概念中生发出来的，而是具有严格的现实性的，是一连串的现实实践活动。革命文化的特征也就是其现实性。革命文化是建立在现实革命经验之上的，同时也可以具体运用到革命实践之中去。毛泽东的《实践论》体现的就是革命哲学的这种基本特征。这个实践,不是一次性完成的,这个认识也不是一次性完成的,而是一个实践—认识—再实践—再认识的不断发展变化的过程,这就突破了学院知识分子知识论的框架,不再将任何一个独立认识过程所获得的知识视为绝对可靠的知识,从而隐含了毛泽东后来格外重视的相对真理和绝对真理的关系的问题。与此同时,革命的实践不是一般的实践,而是斗争的实践,是在国家政治军事权力与革命的政治军事权力之间的斗争。这种斗争是二元对立的,是相互排斥、相互压倒的关系。所以,革命的哲学就是斗争的哲学。毛泽东的《矛盾论》具体阐发了这种斗争的哲学。革命就是斗争,在革命中,斗争是绝对的,统一则是相对的,绝对的统一就意味着革命的终止。革命的斗争不是整体对部分的压制,而是部分对整体的反抗;革命做的不是维持固有统一整体的性质和职能的工作,而是破坏固有统一整体的性质和职能、建立新的统一整体的工作,所以毛泽东讲对立面的斗争和对立面的相互转化。毛泽东在中国历史上乃至在世界历史上创造了弱势群体战胜强势群体,弱势军队战胜强势军队,在具体的历史过程中逐步壮大自己、蚕食敌人,最后战胜强敌的伟大的政治的和军事的范例。总之,毛泽东的哲学是革命的哲学,是革命者的哲学,是在革命实践基础上才能够得到合理的阐释、理解和应用的哲学。

这并不意味着它已经同中国古代的文化传统断绝了任何的联系。假若说现代新儒家继承的主要是中国古代儒家的文化传统,特别是宋明理学的传统,毛泽东主要继承的就是中国古代法家的文化传统。儒家文化讲的是对立面的统一,法家文化讲的则是对立面的斗争;儒家文化重视的是人际关系的处理,它的伦理道德学说是为了具体处理现实的人际关系而建立起来的,法家文化重视的是政治权力之间的斗争,它的战略战术思想是为了成功地掌握并运用政治权力而建立起来的。而不论是儒家文化还是法家文化,又都是在阴阳二元对立的模式中具体建构起来的。革命,进行的是权力与权力的斗争,是在国家政治军事统治权力和革命政治军事权力的二元对立关系中进行的。毛泽东更充分地开掘了中国传统法家文化的文化资源,将传统法家"法""术""势"这些基本的文化概念通过"创造性的转化"运用于观察和分析他所领导的中国共产党的革命问题,从而建构起了他的独立的革命文化体系。不能不说,这正是他较之陈独秀、瞿秋白、李立三、王明、博古对中国现代革命和中国现代革命文化有着更杰出贡献的原因之一。

革命本身不是学术,但当中国知识分子在实际的革命过程中建立起了自己的文化并且这种文化也影响到实际的革命过程,它就具有了学术的性质。它同样是中国现代知识分子智慧和才能的结晶,同样是中国现代文化典籍的一个有机构成成分,并会影响到中国文化的未来的发展。也就是说,中国现代革命文化也需要我们的研究和思考,也应纳入到我们的"国学"研究体系之中来。

二十

严格说来,中国现代学院文化、中国现代革命文化也属于中国现代社会文化的范畴,但由于中国现代文化发展的特殊性,我们往往不把像文学艺术、报纸刊物、电影电视这样一些与现代社会有着更直接联系的文化视为一种独立的文化。

什么是独立的文化?独立的文化就是有自己严格区别于其他文化的独立的建构基础、独立的价值体系并具有自己独立的生成和发展演变轨迹的文化。

在西方,文艺复兴从根本上就是一个社会文化运动,它不发生于宫廷,也不发生于神学院,而是首先在社会文化领域发生,而后才进入了学校教育领域。近现代的学校教育逐渐代替了单纯的神学教育,引起了教育界的革命。在这样一个过程中,学院的教授、学者不但不会有意与无意地漠视像但丁、卜伽丘、佩特拉克、塞万提斯、乔叟、莎士比亚、拉伯雷、拉斐尔、米开朗基罗这样一些文学家、艺术家的独立存在价值和意义,而且他们的文化观念往往就是在这样的社会文化的基础上生成和发展起来的,康德、黑格尔、马克思都是具有高度理性思维能力的哲学家,但他们却不用自己的理性标准要求文学艺术的创作,因为他们对社会文化的独立建构基础和独立价值体系有着比较充分的理解。西方近现代的革命文化与其说是革命者的文化,不如说就是西方社会文化的一翼。法国资产阶级革命是以法国启蒙思想家的文化为自己的文化的，不是那些实际的革命者为法国启蒙思想家制定了文化的标准，而是法国启蒙思想家的思想激发了那些革命家的行动意志和革命热情，而法国的启蒙思想家同时也是那个时代最优秀的文学家和艺术家。严格说来，马克思主义在开始也是一种社会文化学说。马克思早期还曾经是一个浪漫主义诗人，他不但有着丰厚的文学艺术史的知识，而且与著名德国诗人海涅保持着终生的友谊。马克思主义的革命性同其社会性、学术性是统一在一起的。五四新文化运动不是发生于中国"社会"，而是发生在北京大学这个高等学府，发生在学院教授和学者中间。中国现代社会文化、中国现代革命文化、中国现代学院文化都在学院教授和学者中间发生，参与者都是学者和教授，但却不都是革命家和文学艺术家。这样，学院文化的标准就成了他们唯一共同的标准，以学院文化的标准阐释社会文化和革命文化就成了那时最有影响力的批评模式。第一个对中国现代文学的发展进行了史的描述的是胡适。在他六七十页的《五十年来之中国文学》中，关于鲁迅只有这样一句话："他的短篇小说，从四年前的《狂人日记》到最近的《阿Q正传》，虽然不多，差不多没有不好的。"[1]显而易见，胡适仍然是把文学的历史当作学术的历史来描述的。直至20世纪60年代殷海光的《中国文化的展望》，论述的虽然是中国近现代文化的历史发展以及中国文化的发展前景，但涉及的却只是学院教授和学者的一些思想主张，不但没有充分估计到马克思主义对中国现代文化影响的合理性和深刻性，也没有充分估计到中国现代的文学艺术、报纸杂志、电影电视对中国现代文化的发展所起到的促进作用，没有谈到鲁迅。[2]这就很难说是对整个中国现代文化的总结与概括，对中国文化前景的展望也不可能做到较为全面和深刻。孙中山的三民主义因辛亥革命的胜利而在现代中国具有了神圣的地位，毛泽东思想因中国共产党领导的革命的胜利而在中国内地具有了神圣的地位。革命文化的独立建构基础和独立价

---

[1] 胡适：《五十年来中国之文学》，载《胡适文集》第3卷，第263页。
[2] 殷海光：《中国文化的展望》，上海三联书店，2002。

值体系不但受到学术规则的保护，同时也受到国家法律的保护，但中国现代社会文化的独立建构基础和独立价值体系却至今没有真正建立起来。罗素在其《西方哲学史》中将拜伦这位影响了西方社会思想发展的浪漫主义诗人的哲学观念列为专章进行叙述，而冯友兰"文化大革命"后的新著《中国现代哲学史》，将以胡适、冯友兰、金岳霖、熊十力为代表的学院哲学家的哲学包括进来，也把以陈独秀、李大钊、毛泽东为代表的革命哲学家的哲学包括进来，但却没有把以鲁迅、周作人为代表的文学家、艺术家的美学、哲学思想包括进来，而鲁迅、周作人的思想对于中国现代知识分子的思想影响分明是不亚于上述那些人的思想影响的，同时也将对中国社会知识分子发生过重大影响的叔本华、尼采、弗洛伊德、柏格森等人的哲学从与中国现代文化的关系中抹掉了。[①]

学院文化是在文化知识的传承过程中产生和发展的，革命文化是在革命过程中产生和发展的，这同时也是它们的建构基础，但社会文化却不是这样。社会文化是在现实社会的平等交流中产生和发展的。学院文化和革命文化都具有集体主义的性质，都不仅仅是纯粹个人的自由选择。学院文化对过往文化传统的阐释和研究是以民族或人类文化传承与发展的需要为前提的，革命文化则是为争取革命的胜利建立起来的，它们都有自己相对明确的目的性，也有自己相对确定的接受对象。它们与这些接受对象构成的是特定的权力关系，都带有"必须"接受的性质。新一代的青年学生必须接受民族和人类优秀文化传统的熏陶，必须掌握本专业的基本知识和技能，必须接受前辈专家和学者的指导和帮助，革命阵营内的成员也必须懂得基本的革命理论，必须能够理解并执行革命领袖根据这种理论制定的各项具体的方针和政策，提高自己革命的自觉性和主动性。在这两种文化中，虽然标准不同，但都有绝对的是和非。学院文化中的是和非是知识论意义上的，革命文化中的是和非是实践论意义上的，而社会文化的建构基础则是个人性的。当一种社会文化产品还没有通过学院文化或革命文化的特殊编码过程被纳入到学院文化或革命文化的内部、作为它们的一个有机构成成分的时候，亦即当它还主要

[①] 参看冯友兰：《中国现代哲学史》，广东人民出版社，1999。

属于社会文化范畴的时候，它是没有自己法定的接受对象的，接受者对它的接受也是个人性的，是接受者自由选择的结果，彼此之间没有不可摆脱的权力关系。鲁迅没有义务创作我们每一个人都喜欢的作品，我们也没有义务一定要阅读鲁迅的作品，更没有义务一定要认为鲁迅的作品伟大还是不伟大。社会文化产品的生产和接受都是个人选择的结果，都是有自己的自由性的，甚至连放弃自己的自由也是自己自由选择的结果。它的建构基础不是集体性的，所以它也没有一个确定的理性标准，没有一个固定的语言模式。作者寻找的是表达自己心灵的方式，是能够引起他假想中的读者对象阅读趣味的方式，是能够加强读者对自我的了解、理解和同情的方式。读者则是以自己的方式感受作品和评价作品的，能否与一个作品发生心灵上的共鸣，不是根据任何先定的标准，而是取决于该作品与其心灵的关系。所以，社会文化归根到底是社会不同成员间实现心灵沟通的一种文化渠道。其创作和接受，都是纯粹个人性的；其文化的性质，又是社会性的。以纯粹属于个人的感受、体验、想象、认识为基础，实现社会不同成员之间的心灵沟通，构成不同社会成员之间的精神互动关系，我认为，这就是社会文化与学院文化、革命文化根本不同的建构基础。只有在这个意义上，我们才能将鲁迅等文学家、艺术家所体现的中国现代社会文化既与毛泽东等革命家所体现的中国现代革命文化、胡适等学院教授和学者所体现的中国现代学院文化严格区别开来，也不会将它们绝对对立起来。它们共同构成了中国现代文化的总体格局，其中有差异，有矛盾，有斗争，但又是构成中国现代文化整体的几个有机组成成分。

中国现代社会文化建构基础的个人性、自由性，决定了中国现代社会文化的高度分散性和起伏动荡性。五四新文化运动之后，胡适、钱玄同、刘半农等学院教授、学者很快就离开了社会批评、文化批评和文学创作的领域，亦即离开了社会文化这个阵地，而主要转向了学术研究，转向了学院文化。20世纪20年代初大量青年知识分子的加入，不但发生了青年文化与五四启蒙文化的分化，同时也强化了青年知识分子内部的职业竞争以及在这种职业竞争基础上发生的文化观念的分化。在这时，社会文化内部分成了相互对立的三个派别，其一是以文学研究会为主要代表的本土派青年知识分子，其二是以创造社为代表的留日派青年知识分子，其三是以现代评论派、新月社为代表的留英、留美派青年知识分子。20年代末国共两党的分裂直接导致了中国现代社会文化在政治立场上的严重分裂，在政治上倾向于中国共产党的被称为左翼知识分子，在政治上直接服务于国民党政权的被称为右翼知识分子，而在左右两翼之间又有各种不同的派别。巴金、老舍、曹禺等具有强烈批判意识的知识分子更加靠近左翼，以新月社为核心的留学英美归国的知识分子更加靠近右翼，京派知识分子对政治上的分化取着超然物外的态度，海派知识分子则与大上海的消费群体有着更紧密的联系。在左翼知识分子的内部，则因对革命与文学关系问题的不同理解而发生着新的分化。鲁迅以社会批判和文化批判的立场介入左翼无产阶级文化运动，在新的文化环境中坚持着自己一贯的独立立场，周扬则更以政治领导的身份介入左翼无产阶级文化运动，与鲁迅保持着相当明显的思想距离。胡风是在中国马克思主义文化阵营中更重视精神革命的文艺理论家，他用马克思主义理论阐释五四新文化运动的反叛精神和鲁迅改造国民性的思想，在左翼文化阵营中更亲近鲁迅而更远离周扬。创造社、太阳社等早期革命文学的提倡者则更重视政治革命对文学的要求，在左翼文化阵营中更靠近周扬而更远离鲁迅。瞿秋白、冯雪峰立于实践的革命立场而同时敬重鲁迅的思想和人格，致力于鲁迅和共产党关系的沟通。而上述所有这些差别都具体表现为个人与个人的关系，并且每个人都力图通过理论的语言说明自己，阐发自己的思想观念和思想主张，这就产生了鲁迅、周作人、郭沫若、茅盾、瞿秋白、冯雪峰、胡风、周扬、梁实秋、林语堂等各不相同的思想。这些思想，既不像胡适的"大胆假设、小心求证"的科学方法论那样，被视为每一个现代学者都必须了解并遵从的研究方法，也不像毛泽东思想一样，被视为每一个革命者都必须了解的基本革命理论。它们首先是这个人和那个人的思想，人们是通过了解、感受和认识这些纯粹属于个人的思想而增益自己对世界、对人类、对我们的民族及其文化的认识并建构仅仅属于自己的思想的。1937年之后，中国现代知识分子虽然在抗日的旗帜下实现了表面的联合，但30年代社会文化领域内的所有差异和矛盾都没有也不可能得到真正的解决，差异和矛盾被保留下来。也就是说，中国现代社会文化不但有各种不同的具体的社会文化产品，如诗歌、散文、小说、戏剧、电影、绘画、音乐、建筑、报纸、刊物、翻译作品等等，等等，而且也在此基础上形成了各自的学术以及学术思想。作为一个学术的领域，它是在1949年之后进入中国内地的大学教育的。在现代史上形成的"国学"传统不包括对中国现代社会文化的研究。

二十一

1949年之后，由于中国社会政治的变动，中国社会被切割成了三个彼此相对独立的部分：内地、台湾和港澳。这三个不同地区的文化各有自己不同的文化结构形态。

对于港台文化和港台学术，我是没有资格进行评论的。一是有关知识的严重缺乏，二是我只能以一个内地知识分子的视角看港台，却不可能以港台知识分子的视角看内地。但是，我们谈"国学"，又是绝对不可能无视港台文化和港台学术在这个时期的地位和作用的，所以我只好勉为其难，谈一点表面的印象，以维持本文结构上的完整。

假若我们不把陈序经的"全盘西化"和胡适的"充分世界化"视为一些毫无实际意义的空洞口号，而视为中国现代文化的一种可能性的发展形式，那么，我们就可以看到，港澳文化就是在"全盘西化"和"充分世界化"道路上走得最远的一个文化区域。但是，它也同时让我们看到，假若我们完全抛开本民族的文化传统而急于实现经济上的现代化，至少要在三个方面经受最严重的考验：（一）政治主权；（二）人的精神主体性；（三）民族语言的独立性。港澳地区在"全盘西化"或"充分世界化"的道路上是以丧失政治主权、人的精神主体性和民族语言的独立性为前提的。这三个东西是互为因果的，但政治独立性的丧失则是其基本的前提条件。在什么情况下才有可能最大限度地按照西方文化的价值观念改造中国和中国文化？显而易见，只有西方人才有可能不受中国固有文化传统的任何影响而在最大限度上依照西方文化的价值体系实施对中国人和中国社会的改造。而在西方文化的价值体系与中国固有的文化价值体系发生直接矛盾和冲撞的时候，能够有效地保障西方文化价值体系顺利推行的则只有政治的权力和军事的权力。这样，丢失政治上的主权就成了实行"全盘西化"或"充分世界化"文化战略的前提条件。但也正是因为如此，中国人及其中国文化的价值观念也就必然失去自己的主体性地位，因为在西方的政治统治者以及西方的价值体系面前，中国人和中国文化的价值体系是没有自己的主动性的。中国人和中国文化的独立意志无法得到有效的贯彻，必须消极地顺从西方政治统治者的意志和西方文化价值体系的要求。在"全盘西化"或"充分世界化"的文化战略的实施中，新的社会变动和文化变动都不是由中国人和中国文化引起的，而是由西方人和西方文化引起的，这使得作为西方文化载体的西方语言不论在其文化的意义上还是在其实际生活的意义上都将占据着优先的地位，而主要作为中国文化载体的中华民族的语言则不再具有关键的意义。西方语言成为上层社会的高雅语言，地方语言成为下层社会群众的口头生活语言，少数知识分子的汉语写作既不属于社会上层的高雅文化，也不属于下层社会群众的口头文化，只有极其狭小的语言空间。在这样的客观环境中，一个人要获得进入社会上层的入场券，首先要掌握西方的语言而不是民族的语言。教育适应着社会的这种需要也由中语教学转变为西语教学，完成了教育的"全盘西化"或"充分世界化"。而教育的"全盘西化"或"充分世界化"又成为推进整个社会及其文化"全盘西化"或"充分世界化"的文化力量。当然，当陈序经提出"全盘西化"、胡适提出"充分世界化"的口号时并不是以此为前提的，但当他们仅仅在东西方文化二元对立的文化模式中寻求中国社会及其文化的发展道路的时候，当将"西化"就直接等同于中国社会及其文化的现代化的时候，并没有充分估计到这种文化发展道路所可能付出的巨大代价。"全盘西化"或"充分世界化"给这时期的港澳地区，特别是香港地区带来了经济上的空前繁荣，但这种繁荣又是在付出了政治和文化的巨大代价之后获得的。中华民族及其成员在这种形式的经济发展中感觉不到自己真正的主体性地位，只能在生产和消费过程中意识到自己的存在，而意识不到自我对民族、对整个社会乃至对整个人类的责任。经济活动的意义只在自我现世的物质享乐生活中被感觉出来，生产为了消费，消费为了生产，人在生产和消费的经济平面上滑行，既无法超越物质生活的层面进入深层的精神体验，也无法离开物质生活的空间进入由政治、经济、文化相互交织而构成的更复杂、更深邃也更广袤的社会生活空间，文化也成了消费品。极薄弱的社会批判意识和极显露的物质享乐欲望的结合成了这个地区的文化既区别于中国固有文化传统也区别于西方宗主国文化传统的基本特征。港澳文化几乎成了现代世界上最轻松愉快，最缺乏历史感、宗教意识和悲剧意识的文化。

但也正是在这种"全盘西化"或"充分世界化"的文化背景上，新儒家学派的文化民族主义才更充分地表现出了它的独立的价值和意义。假若说在台湾和在中国内地两个地区，"西化"往往具体表现为一种现代化的发展趋势，而在港澳地区表现为一种发展趋势的则往往是"中化"。相对于只用英语教学的香港大学，用中、英文两种语言进行教学的香港中文大学，在香港高等教育的发展过程中并不表现为一种倒退的趋势，而是表现为摆脱殖民教育、向着民族教育发展的进步倾向，而国学大师钱穆和饶宗颐在香港文化的发展中起到的也不是晚清复古派反对改革、消极地顺从国家主流意识形态的保守守旧的作用，而是促进香港文化的改革、消解香港殖民政治的主流意识形态的作用。在1997年香港回归祖国之后，与祖国内地当前的外语热平行发展的，是香港地区的"国语"热，普通话教学成为香港中小学语文教学改革的重要举措。金庸小说以及所有的汉语写作都在或雅或俗的形式中表现着汉语语言的魅力，负载着民族文化的信息。这是一个虽不强大但却"不绝如缕"的民族文化传统。

学院文化社会批判意识的加强以及由此带来的在台湾整体文化结构中地位的提高似乎是其区别于港澳文化与内地文化的重要特征。国民党政权是受到中国共产党革命力量的重创之后被迫退守台湾的，这使在台湾的国民党政权不能没有一定程度的政治原罪感。这种原罪感一方面推进了它迟迟未予进行的土地改革等社会改革的措施，另一方面也使之无法将自己的文化专制主义强化到它所意欲强化的程度。与此相反，随同国民党来到台湾的学院知识分子，大都是在国共两党的政治斗争中倾向于国民党而远离或反对过共产党的高级知识分子。他们原本是较少社会批判意识而较多依赖现实政治统治秩序而从事自己专业性研究活动的知识分子，国民党政权的失败反而使他们加强了政治批判意识和社会批判意识。从胡适到殷海光再到李敖，这种政治批判意识和社会批判意识是逐渐强化的。他们在台湾起到的社会作用同二三十年代鲁迅所起到的社会作用有着极为相近的特征。至少在结构形态上，台湾的学院文化较之三四十年代的学院文化更加完整了：坚守着中国固有文化传统的新儒家学派，在"为学术而学术"的旗帜下从事着各种专门的学术研究活动的专家学者，同关心着台湾社会整体发展的学者型文化活动家，构成的是一个更加完整的学院文化结构，对于台湾社会及其文化的发展发挥着较之三四十年代学院文化更加重大的作用。相对于台湾的学院文化，台湾以文学艺术为主体的社会文化领域似乎更趋于稳健和平。白先勇等人的小说、余光中等人的诗歌和散文，较之20世纪三四十年代文学，更注重艺术上的提炼和人生哲理的表现，既区别于左翼文化的战斗传统，也区别于海派享乐主义文化传统。总之，政治专制主义文化的日渐弱化，学院文化社会地位的日渐提高，社会文化风格的日渐稳健，似乎是这个时期台湾文化结构的主要特征。

在港澳和台湾地区，"国学"这个学术概念仍在继续使用着，但它仍然指对中国古代文化传统的整理和研究。

二十二

实际上，这个时期台湾文化的发展也是付出了自己的代价的，那就是它的政治主体性的削弱和对世界超级大国美国政治依附性的加强。国民党政权是在国共两党政治军事力量的对抗遭受失败之后退守台湾的，并且在祖国大陆与台湾的军事对峙中继续处于危机的状态，这就使之不能不在政治和军事上更加依靠美国的保护。但是，当一个政权不能不依靠一个强国的支持和保护的时候，这个政权就没有了自己更大的主动性。美国有自己独立的民族利益，它不可能长期牺牲自己民族的利益而保护另外一个政权。中美建交、祖国内地代表中国进入联合国，与世界多数国家建立外交关系，都使台湾的国民党政权陷入相当孤立的状态，这更加强了它对美国的依附性，其政治主体性很难完全建立起来。假若说蒋介石的外交政策还带有一些大国外交的气度，而在台湾，这种气度则不能继续维持下去。

当我们返回鸦片战争之时的中国，就会看到，政治主权的丧失恰恰是中国近现代社会和中国近现代文化发生大动荡、大分化的根本原因之一。清政府在西方帝国主义政治、经济、军事侵略面前的软弱无力，激活了汉族官僚知识分子长期被压抑着的民族意识，从此拉开了政治改革的序幕。中国知识分子阶层与现实政治统治集团的矛盾与对立就构成了近现代中国社会矛盾和对立的主要形式。在这种矛盾和对立中，中国现代知识分子是一个没有实际政治、经济、军事权力的阶层，但希望中国独立和富强的真诚愿望却始终支撑着他们的正义感和自信心，同时也是联系各种不同派别知识分子的基本思想纽带。而从另外一个方面来看，中华民族独立和富强却绝不仅仅取决于尚处于分散、孤立状态的少数中国知识分子，而首先取决于体现国家意志的现实政治统治集团。它不但是中华民族在国际关系中的法权代表和发言人，同时也是将分散的中国民众组织在一起为实现中华民族统一的社会目标而进行有效努力的组织者和管理者。也就是说，中国知识分子阶层希望中国独立和富强的愿望无法仅仅从自身的努力中感觉出来，发现出来，而只能从现实政治统治集团的现实表现和现实选择中感觉出来、发现出来。严格说来，不论是清王朝政治统治集团，还是国民党政治统治集团，也都是希望中华民族独立和富强的，也都是希望摆脱西方帝国主义对中国的政治、经济、军事和文化的控制的，但同时也面临着一个深刻的矛盾：维持自己的政治统治权力和谋求中华民族整体上的独立和富强的矛盾。几千年的皇权政治都把中国视为政治统治者一家一姓的中国，政治统治者的成败主要不是取决于国家政治、经济、军事、文化的繁荣和发展，不是取决于本民族广大社会成员生活的自由和幸福，而主要取决于能不能在各种权力斗争的火山口上维持现实的政权。在这种观念的支配下，中国近现代政治统治集团不但没有成为中华民族反侵略斗争的积极主动的组织者和领导者，反而常常借助外国帝国主义的侵华势力镇压本民族内部的反抗。"攘外必先安内"的政策不但进一步加深了国内的政治矛盾，同时也使政治统治集团在道义上陷入更加不利的地位，使中国的政治统治集团在与中国知识分子阶层的矛盾和对立关系中总是处于道义上的劣势地位。政治上的优势掌握在政治统治者的手里，道义上、思想上、文化上的优势掌握在知识分子的手里，可以说是从鸦片战争到1949年这一个世纪的中国历史的重要特征。但1949年中华人民共和国的成立从根本上改变了这样一个"政治—文化"的格局。

中国共产党领导的革命并不像有些知识分子描述的那样，主要是一个农民的革命运动，而首先是一个知识分子领导的革命。毛泽东"反帝、反封建"的口号充分体现了当时中国知识分子的思想愿望，也充分利用了中国知识分子在与国民党政治统治集团的矛盾对立中道义上、思想上和文化上的优势地位。尽管大多数中国知识分子并没有实际地成为这个革命的支持者和拥护者，但在他们与现实政治统治集团的矛盾和对立中，却不能不对这样一个革命抱着内在理解和同情的态度。即使那些在政治上反共的知识分子，像陈布雷、胡适、傅斯年等等，也主要出于理性上的政治选择，而不是出于个体情感、文化心理上的对立。"反帝"以实现民族的独立，"反封建"以改变中国社会的落后状态，从"民族性"和"现代性"两个维度上满足着不同知识分子的不同思想要求，较之"五四"民主、科学的口号多出了"反帝"的内容，也更能符合广大知识分子的思想愿望和心理要求，从而成为中国现代文化的一个新的思想制高点，也取得了对当时中国知识分子各种不同思想文化学说的制空权。正是因为如此，中国共产党在1949年取得的胜利，不仅仅是政治和军事上的胜利，同时也是文化上的胜利。在中国近现代文化史上，中国绝大多数知识分子是在"救国救民"的旗帜下打出自己的文化旗帜的，"教育救国""科学救国""实业救国"、民族主义、民主主义、民生主义、国家主义、无政府主义等等，在中国实际上都是作为"救国救民"的口号提出来的，而最终统一了中国、给中国人民带来了和平幸福的生活（在中国当时的文化背景上，和平的生活本身就意味着是幸福的生活）、使中国再一次作为一个独立统一的大国出现在现代世界上的却是中国共产党领导的革命斗争。这使中国绝大多数知识分子不能不承认以毛泽东思想为主体的革命文化的先进性和优越性，不能不在这个革命的胜利面前产生某种或隐或显的原罪感,从而为1949年之后的思想改造运动奠定了思想的或心理的基础。

1949年之后留在中国内地的知识分子,主要有下列几种类型,他们各有不同的文化处境和文化心态:

(一)1949年以前在政治上直接依附于国民党政权并立于反对共产党政治立场的知识分子。这类知识分子的特点是没有自己独立的思想观念和文化观念,即使有,也不会公开表露出来并与当时政治的意识形态构成直接的对立。他们是当时最高政治统治集团思想观念和文化观念的传声筒,并且以当时最高政治统治集团的意志为意志,这就使他们只有政治的身份而没有个人的立场,谁都不会也无法将他们从他们服务的政治统治集团身上剥离出来。他们的生存价值和意义只能在这个政治集团的政治利益中获得认可,从巩固和加强这个政治集团的专制权力的意义上得到确立。随着国民党政权的毁灭,这个政权的整个价值体系随之垮落,这些知识分子也就失去了对自我生存的社会价值和意义的意识。他们既没有表现出十月社会主义革命之后俄国贵族那种垂死挣扎的力量,也没有表现出十月社会主义革命之前列夫·托尔斯泰那类忏悔贵族的痛苦反省意识。他们是依靠政治的权力上升到中国知识分子的最上层的,不但在政治上与中国共产党以及理解并支持中国共产党的左翼知识分子立于尖锐对立的立场,也在思想和文化上与更广大的学院知识分子和社会知识分子有着文化心理上的差异和感情或情绪上的对立。也就是说,在1949年以后的社会历史上,他们既无法从自身的生命体验中汲取出文化的汁水,也无法从外部的世界中获得真正的同情和理解,只是像文化干尸一样停留在这样一个历史的阶段。镇压反革命和肃清反革命两个政治运动将他们置于整个社会的严密监控之下,成了专政的对象,用句当时的政治话语,就是"被扫进了历史的垃圾堆"。

(二)1949年以前游离于政治斗争之外的广大学院知识分子和社会知识分子。这类知识分子在中国是绝大多数,他们的特点是只有学术的思想而没有社会的观念,或者其社会观念只是从中国古代或西方固有思想学说中获得的,只是停留在纸面上的东西,而并不具有实际地参与中国社会整体发展的性质和功能。当政治在这些知识分子的意识中只是一种祸国殃民的腐败政治的时候，他们的学术活动或文化活动就会涨大为唯一体现中华民族希望和前途的东西，并认为自己的文化就是现代中国唯一的文化，自己的价值就是现代中国唯一的价值，而当政治在他们的意识中再也不仅仅是祸国殃民的腐败政治，他们也很容易把社会发展的责任交付于政治家，而把自己的学术活动视为国家政治事业的一个零部件，是从属于国家政治的整体利益和要求的。在这个前提之下，他们是"为学术而学术""为文学而文学"的，"能够在中国放下自己的一张书桌"则是他们的主要社会要求。对于他们，中华人民共和国的成立首先意味着一个统一的民族国家的建立，一个和平安定局面的开始，一个可以安心地从事自己的专业学术活动的环境条件的形成。他们在文化落后的中国只有极少的人数，并且极为分散，职业的竞争使他们在人际关系、社会关系和思想关系上都没有黏合力，形不成一个整体的力量，用句毛泽东的话来说，就是他们必须附着在国家政权这张皮上。五四新文化运动之后不久，这个知识分子阶层就与以马克思列宁主义为思想旗帜的革命文化发生了分裂，并且与左翼知识分子走着两条不同的文化道路，他们对于自己与新的国家意识形态的差异和矛盾有着明确的意识。新的国家政权为他们提供了和平安定的社会条件，同时也要求他们改造自己的思想，适应新的国家意识形态的要求。他们之中的大多数，不愿也无力拒绝新的国家政权对自己提出的这种要求，而从文化心理结构的角度，他们的学术思想原本只是一种做学问的思想，不具有马克思主义学说对人类社会历史的整体概括能力，用马克思主义的理论学说填补自己社会历史观念的空白对于这个阶层的绝大多数知识分子而言并没有不可克服的心理阻力。这样，马克思列宁主义、毛泽东思想的权威很快就在这个阶层的知识分子之中树立起来，成了他们之间唯一必须认可的理论标准。当毛泽东将俞平伯的《〈红楼梦〉研究》和胡适思想提交到审判席的时候，这个阶层绝大多数的知识分子也就没有理由不支持、拥护乃至亲自参与这种思想批判运动。但这也将学术的批判同政治的批判混合在了一起，将思想的斗争同政治的斗争混合在了一起。作为这个阶层的每一个知识分子，因其原来的思想都是非马克思主义或反马克思主义的，因而也都是被批判的对象，但作为这个阶层的知识分子整体，因其都不愿"自外于"国家和人民，都希望成为批判者而不希望成为被批判者，因而只要他们没有成为被批判者，他们就都是批判者。即使自己被推到了审判席上，他们仍然可以用现在的这一个自己，批判过去的另外一个自己：进行"自我批判"。在反右派斗争之前的整风运动中，这些知识分子中的少数人还曾试图以自己的社会观念和人生观念影响中国当代社会的发展，但在反右派斗争中受到沉重的打击后，这个阶层的知识分子就不再具有自己的主动性和主体性了。

（三）1949年之前的左翼革命知识分子。这类知识分子是在国民党统治区形成并发展起来的，是在现实的政治批判、社会批判、文化批判的过程中形成自己的文化思想的。所以，他们的文化思想的主要特征是其批判性，但正因为这种批判性，他们受到当时国民党政治统治的压制和迫害，使他们在政治上更加倾向共产党领导的革命斗争，其中的很多人本身就是共产党组织的成员，是为了政治革命的目的而从事左翼文化活动的。但是，他们与解放区成长起来的知识分子仍有很大的区别。其一是其社会批判意识，其二是他们的马克思主义大都直接接受于国外，像鲁迅、郭沫若、茅盾、冯雪峰、胡风、周扬等人，都是最早翻译和介绍马克思主义文艺理论学说的文艺理论家，他们对马克思主义文艺理论的理解都带有个人的独特性，各成一派，与毛泽东的文艺思想有着不尽相同的特征。仅就政治立场而言，这类知识分子都是拥护和支持中国共产党领导的中国革命的，很多人自身就是一个革命者，但在文化思想上，他们则是中国马克思主义文化阵营中的不同文化派别。从30年代开始，他们之间的矛盾和差异就开始表现出来，但在革命胜利之前，彼此的差异和矛盾还不直接表现为政治权力的对立和矛盾。中华人民共和国成立之后，由于马克思主义已经转化为国家的意识形态，这些知识分子之间的思想矛盾直接联系着政治权力的关系，其对立的性质及其激烈程度甚至超过了他们与非马克思主义知识分子的对立。在他们的矛盾和对立中，决定其胜负的已经不是对于马克思主义理论学说理解的深度和广度，而是与现实政治权力联系的紧密程度以及实际政治权力的大小。鲁迅已经去世，与现实的政治权力斗争已经没有直接的关系，周扬在延安时期就主动放弃了自己对马克思主义理论的独立阐释和理解，而成为毛泽东文艺思想的阐释者和宣传者，郭沫若也在1949年之后逐渐放弃了30年代左翼革命知识分子的政治批判、社会批判、文化批判的立场。他们都不再是30年代左翼革命知识分子传统的继承者和发扬者,只有胡风和他的同仁们,还盲目地坚持着30年代左翼革命知识分子的政治批判、社会批判和文化批判的传统,但这也使他们陷入了更加严重的政治困境、社会困境和文化困境。他们在政治上是支持和拥护新政权的,在意识形态上属于马克思主义文化阵营。当马克思主义已经具有国家意识形态的性质,他们的话语对于大多数非革命的知识分子就有极大的杀伤力,不可能获得他们的同情和支持。而在现实的政治权力关系上,他们又有与其他左翼革命知识分子进行平等竞争的潜在能量,彼此的排拒力已经不仅仅是思想的排拒力,同时更带有政治排拒力的性质和强度。他们是马克思主义者,但他们的马克思主义主要不是建立在维护和加强革命政治权力的基点上,而是建立在"人民性"的基点上。"人民性"也是他们从30年代就已经开始进行的政治批判、社会批判和文化批判的理论基点。这就使他们的文化思想带上了对抗国家政治权力的倾向,并成为毛泽东文艺思想之外的另外一种马克思主义文艺思想的派别。但是,在他们与毛泽东文艺思想的差异和矛盾中,他们的文化思想在理论上和实践上都有明显的缺陷。作为他们立论基点的"人民"并不站在他们的一边。当时的"人民"需要的并不是文艺,更不是文艺的理论,他们更需要的是国家政权的保护和在这种保护下过上安定幸福的生活。这批知识分子是有凝聚力的,但只是极少数知识分子个人思想、情感上的凝聚力,在整个中国社会上,他们是极端孤立的。这批在现代史上倾向革命的知识分子在自己期盼的革命胜利之后却被打成了"反革命"。在反右斗争中,冯雪峰、丁玲等另外一些左翼革命知识分子也因同样的原因受到政治迫害,30年代形成的左翼革命知识分子阵营就不复存在了。

(四)解放区的知识分子。解放区的知识分子分为两种类型:一类是从国统区来到解放区的左翼革命知识分子,一类是在解放区成长起来的青年知识分子。前一类知识分子在解放区发生了分化,一部分人主动放弃了自己独立的思想立场和左翼革命知识分子的批判性,成为毛泽东思想以及解放区各项政策法令的阐释者和宣传者,而另一部分人则程度不同地坚持着自己对革命文化的独立阐释和理解,坚持着左翼革命文化的批判性,但他们在解放区文化中已经没有自己的独立地位。而在解放区成长起来的青年知识分子则从一开始就把自己视为毛泽东思想以及解放区各项政策和法令的执行者和宣传者,他们没有自己的独立思想,也没有自己独立的学术。从整体说来,解放区的文化实际就是一种革命政治的文化,它的学术——毛泽东思想,实质也是一种革命政治的学术。1949年之后,解放区文学的传统成为中国内地文学的主要传统,但它仍然主要是国家各项政策和法令的一种阐释形式和宣传手段,是遵循毛泽东文艺思想的先验的政治标准创作出来的,严格说来,他们不具有非政治性的独立思想意识和文化观念。

以上四类知识分子及其关系的变化,反映的实际是从五四新文化运动以来,中国现代革命文化、中国现代学院文化、中国现代社会文化关系的新变化,从中国现代革命文化转换而成的中国当代政治文化主体性的加强与中国当代学院文化、中国当代社会文化主体性的削弱,则是这一时期中国文化总体格局的主要特征。

二十三

这一时期中国当代政治文化主体性的加强和中国当代学院文化、中国当代社会文化主体性的削弱不是没有历史原因的,它是伴随着中华民族独立自主的民族国家的重建过程出现的一种畸形文化形态。鸦片战争之后的中国,在西方列强强大的政治、经济、军事、文化的压力下,中国国家政治统治集团的主体性便严重地丧失了。国家的首要职能是维护国家的独立和主权,维护本民族成员在与其他民族成员交往中的平等地位。在这种平等地位无法实现的时候,国家政治统治集团应该是领导全民族人民有效地进行反侵略斗争的桥头堡,并在这种反侵略斗争的过程中发展自己、壮大自己,谋求整个民族在政治、经济、军事、文化上的发展。假若一个政治统治集团仅仅为了维护对本民族的统治地位而不惜向外来侵略势力妥协投降,它同时也将丧失在本民族广大成员中的权威性。国家的第二个重要职能是维系本民族内的和平,这种和平是在一个民族共同认可并习惯了的法权关系和伦理道德关系中实现的。国家政治统治在本民族广大社会成员中权威性的丧失,首先带来对官僚集团政治控制力的减弱，带来官僚集团的涣散和腐败，从而使一个民族共同认可并习惯了的法权关系和伦理道德关系从根底上受到破坏。这种从根底上已经遭到破坏的法权关系和伦理道德关系，使广大民众陷入无所适从的尴尬境地。消极地遵守这种不是规则的规则的民众无法维护自己合法的权益，而不再遵从这些规则的社会成员却能够飞黄腾达，整个社会呈现出无政府主义状态。我们看到，从鸦片战争到清末这个历史阶段，中国发生的就是这样一个历史的畸变。孙中山领导的辛亥革命是在无政府主义蔓延的社会背景上发生的，他希望依照西方的民主政治体制重建一个新的民族国家，但民主体制在当时的中国却无法起到抑制无政府主义混乱状态的作用，军阀混战造成的是更严重的无政府主义混乱。五四新文化运动同样也是在这样一个社会背景上发生的，它是在传统儒家文化已经起不到维系现实社会秩序作用的情况下，是在已经无法仅仅依靠政治官僚集团自身的力量而实现民族国家重建任务的情况下，提出新文化的要求的。在这些知识分子的思想里，向来神圣不可侵犯的国家的权威发生了严重的动摇，它反映的不仅仅是西方文化的影响，更是在国家职能丧失、政治混乱、官僚腐败的社会条件下，中国现代知识分子独立承担意识的加强。但是，这些知识分子在当时的中国只是极少数，不可能从整体上改变当时社会的混乱状况。1927年之后的国民党政权，也试图重建国家的权威，重建政治的主体性，像蔡元培、胡适、傅斯年这些五四新文化运动的领袖人物，也曾把重建民族国家的希望寄托在国民党一党专政上，但始终没有达到这一目的。直至中华人民共和国的成立，一个独立自主的民族国家才正式形成。毛泽东给中国知识分子留下了过多的伤痛，但我们却不能否认，他始终是一个伟大的民族主义者，这使中华民族在极端贫穷落后的状态下捍卫了民族的独立和尊严，满足了中华民族从鸦片战争以来一直受到严重摧残的民族自尊心，国家政治的主体性也在这样一种情况下建立了起来。

但是，政治的主体性有一个有没有的问题，也有一个发挥的限度问题。

必须看到，以1949年为界，马克思列宁主义、毛泽东思想在整个中国文化格局中的地位和作用发生了一个重要的变化，即在1949年之前它

"新国学"论纲(中)

不具有国家意识形态的性质和作用,而在1949年之后,它已经成为国家的意识形态。当它不具有国家意识形态的性质和作用的时候,它体现的是全体国民中一部分人的愿望和要求,这部分人在整体上是一个弱势群体,其合法权利得不到国家政权的有效保障,必须联合起来争取自己生存和发展的权利。在当时的中国,马克思列宁主义、毛泽东思想就是作为这个独立阶层的世界观和人生观建立和发展起来的。因而它也理所当然地具有极强的独立性和排他性。在政治上和军事上,它是与国民党政治统治集团尖锐对立的;在文化上、思想上,它是与所有非革命或反革命的思想文化学说尖锐对立的。但一旦当它转化为国家的意识形态,它便必须具有更大的包容性。国家不是由一个阶级和一个阶层构成的,而是由全体合法公民构成的,由合法地从事着各项不同的社会事业、以各种不同的合法的生活方式生活着的人构成的,国家意识形态必须凌驾于所有这些合法的公民及其思想愿望之上而又能全部地包容它们,并为之提供更广大的发展空间。也就是说,它与任何一种具体的文化倾向都不具有直接对立的性质,因而也构不成平等竞争的关系。国家意识形态是伴随着政治权力的强制性的,假若将其直接对立起来,这种强制性就会轻而易举地摧毁对方,毁灭了对方,自身也得不到丰富和发展。如前所述,不论在何种历史阶段的何种政治体制之下,学院文化在其整体上都具有明显的国家主义性质,不但必须依靠国家所提供的和平安定的社会条件,同时国家所需要的绝大多数人才都是在学院文化的教育下成长起来的。在这个意义上,学院文化永远是人类社会的稳定器,它的主体性的发挥在整体上是有利于现实社会的稳定发展的。革命不是为了摧毁学院文化的主体性,而是为了给它提供更大的自由空间,将其主体性更充分地发挥出来。社会文化在整体上较之学院文化具有更直接、更强烈的批判性,但它的批判性却不是革命实践的批判性。假若说学院文化与现实社会构成的是理智的对话关系,社会文化构成的则是带有各种不同情感情绪态度的对话关系。但它们都是对话的关系,是在思想精神领域发挥其能够发挥的作用的,不具有物质的破坏力。这两个领域的中国现代知识分子确确实实存在着漠视政治文化、漠视政治权力的弱点,但这种漠视是在一个多世纪国家政治职能的丧失以及导致的政治官僚腐败的状况下形成的，这加强了他们的独立承担意识。以学术承担学术，以文艺承担文艺，以知识分子自身的努力承担中华民族文化事业的发展，不假外求，不但是胡适这类学院知识分子的基本特征，也是鲁迅这类社会知识分子的基本特征。这两部分知识分子对政治的漠视随着国家政治主体性的加强自然会得到相应的解决，因为国家政治主体性的加强和正常发挥在其根本上是有利于而不是不利于这两种文化的发展的。也就是说，尽管在现代文化史上中国现代革命文化、中国现代学院文化、中国现代社会文化是通过分裂的形式分途发展起来的，它们之间也存在着彼此的差异和矛盾，但却都是中国现代文化的有机构成成分。从形式上，以"革命"的名义对中国现代学院文化和中国现代社会文化的批判是理所当然的，但在实质上，却将政治的权力大量引进了文化的关系之中，从根本上破坏了中国内地知识分子之间的平等竞争关系，紊乱了中国文化内部的秩序，使中国文化的发展受到了极大的影响。

原载《社会科学战线》2005年第2期

"新国学"论纲(下)

二十四

政治关系是一种法制关系，法制关系是靠政治权力维持的；经济关系是一种金钱关系，金钱关系是靠交易双方的合同契约维持的；文化关系是一种精神、理智或情感的关系，精神、理智或情感的关系是靠人与人之间相互的了解、同情和理解维持的。只要交易双方的合同契约关系没有从根本上得到破坏，经济关系就依然是经济关系，就依然可以通过合同和契约来解决，而没有转换为政治的关系；文化的关系也是这样，只要人与人之间相互了解、同情和理解的渠道没有完全被堵塞，文化关系就依然是文化关系，就依然可以依靠人与人之间的相互了解、同情和理解来解决。政治权力一旦被引入正常的经济关系和文化关系，不但政治权力可以瓦解正常的经济关系和文化关系，同时经济关系和文化关系也会瓦解正常的政治关系：由"双赢"变"两伤"。我把这种将政治权力引入经济关系和文化关系中的现象称为政治主体性的越界行为。

当李希凡、蓝翎在《文史哲》上发表批评俞平伯的《〈红楼梦〉研究》的文章的时候，彼此的关系还是一种学术的和文化的关系。尽管李希凡、蓝翎的文章中已经有一些政治批判性的话语，但其基本的立场仍是学术的、讨论的。他们没有任何政治权力的背景，表达的也只是与俞平伯对《红楼梦》这部古典名著的不同感受和理解，不是一种越界行为。假若说俞平伯是从与曹雪芹更相接近的佛家人生哲学的角度理解和感受《红楼梦》及其人物命运的话，李希凡、蓝翎则是在社会历史框架内用"五四"反封建的思想标准感受和评价《红楼梦》及其人物命运的。双方从不同角度介入《红楼梦》这部作品，虽然不同，但却存在着相互了解、同情和理解的可能。作为一种观点，毛泽东对于《红楼梦》的感受和理解也是有其学术的价值和意义的。他是一个政治家，他从整体社会矛盾和斗争的关系出发将第四回作为《红楼梦》全书的总纲，并用"不是东风压倒西风，就是西风压倒东风"说明了这种矛盾和斗争的严峻性和不可妥协的性质，对于感受和理解《红楼梦》也有重要的启迪作用。但毛泽东不是依照学术研究的方式介入于李希凡、蓝翎与俞平伯的学术争论的，而是以一个国家领导人的身份发动了对俞平伯《〈红楼梦〉研究》的批判。在这时，政治的主体性就离开了它能够发挥积极作用的空间，构成了越界行为，政治的权力也被带入了文化的领域，此后更广大的参与者不是出于对《红楼梦》这部古典名著的关切，而更是出于对自我政治命运和学术地位的关心，从而离开了认识的目的，也离开了学术研究的范围。在这时，批判者已经不想主动了解、同情和理解被批判者，甚至也不想得到被批判者的了解、同情和理解，他的批判更是写给与他同样的批判者看的，彼此竞争的不是对对象的认识，而是对被批判者精神打击的力度，其学术的价值和意义也就不复存在。对胡适思想的批判、对"胡风反革命集团"的批判、对"右派"言论的批判从一开始就是以学术批判的形式出现的政治批判运动，政治权力的越界作战造成了对中国学术事业的严重破坏。

从人生命运的角度，在政治批判中受摧残最严重的是被批判的对象，很多中国知识分子因此经历了十分悲惨的命运，至今令我们思之惨然。但在文化的意义上，受损最惨重的倒不是那些受到批判的知识分子，而是那些参与政治大批判的知识分子和青年学生。这里的道理是不难理解的，那些受到批判的中国知识分子，是已经建构起自己相对独立的思想学说或某个方面的独立学术观点的知识分子。俞平伯关于《红楼梦》的观点是在现代学术史上建构起来的，他已经在《红楼梦》的研究

"新国学"论纲(下)

中取得了相对丰硕的学术成果;胡适是五四新文化运动的领袖人物,他的历史贡献不论怎样评价都已经成为历史的事实;胡风的文艺思想是在现代"左翼"文艺运动的过程中建构起来的,在中国马克思主义文艺学中自成一派。冯友兰的哲学、费孝通的社会学、马寅初的人口论、朱光潜的美学、冯雪峰的文艺思想、丁玲的小说、艾青的诗歌等等,都已经具有自己相对的独立性。实际上,他们之所以成为批判的对象,也正是因为他们有与一般人不同的倾向和特点,倒是那些尚没有自己相对独立的思想和学术观点的中国知识分子或青年学生,或者主动放弃了自己独立的思想观念或学术观点的老一代知识分子,成了历次政治批判运动的积极参与者。但这也使他们不再敢于甚至也不再想独立地感受或认识世界、独立地感受或认识社会人生、独立地感受或认识人类的文化,因而也不再敢于甚至也不想拥有自己独立的思想或学术观点。他们在还没有成长起来的时候就拒绝了成长,他们在还没有自己独立的思想的时候就拒绝了思想,因而在文化的意义上损失也最为惨重。他们唯一起到的是一种文化传承的作用,但传承的却不是他们自己的独立发现和独立见解,而是他们盲从的理论教条和盲目批判的对象。实际上,文化的传承有两种不同的形式,一种是正面的理解和阐发,一种是反面的否定和批判,历史上很多具有独创性的思想学说在一些历史阶段是靠着别人的批判和否定得到历史的传承的。时至今日,我们已经能够发现,马克思主义、毛泽东思想以及在马克思主义、毛泽东思想的旗帜下受到批判的俞平伯的《〈红楼梦〉研究》、胡适以及胡适的思想、胡风的文艺思想、冯友兰的哲学、费孝通的社会学、马寅初的人口论、朱光潜的美学、冯雪峰的文艺思想、丁玲的小说和艾青的诗歌等等,都在中国文化中得到了传承,并且那些大批判文章是使它们得到更有力传承的重要传媒形式,而唯独它们自己,却没有传承下来。它们像一艘艘渡船,载的都是别人的货,当把别人的货运到对岸,卸下来,自己就空空如也了。更为严重的是,这种革命大批判的形式对于很多知识分子思维形式的养成具有重要的影响,使这些知识分子在自觉与不自觉中就不再独立地面对世界、社会人生和人类的文化,不再用自己的心灵感觉、感受、理解自己的研究对象,而只是将自己的研究对象纳入到一种权威理论的框架中,通过表面的对照而对研究对象做出极其简单的或是或非的所谓"客观"评价。这种思维形式对我们学术事业的发展所造成的破坏影响甚至超过革命大批判的本身，因为它根本不是研究性的思维方式，在这种思维形式中永远不可能从研究对象中发现出别人所未曾发现的东西。这种不是研究的研究，造就的是不是知识分子的知识分子。他们的存在，同时也时时威胁着其他知识分子和青年一代的成长，他们是一些不用自己的五官感知、不用自己的心灵感受、不用自己的头脑思考也不准许别人感受和思考的人，严重地影响着中国学术事业的发展。

政治主体性的越界行为不但起到了破坏中国学术事业的作用，同时也更严重地影响到政治主体性的建立。政治的作用在现实社会是有形的、直接的。而文化的作用在现实社会则是无形的、间接的。政治与文化的直接对立永远是政治战胜文化，政治权力压倒知识分子。这同时也改变着整个社会对文化、对知识分子的感受和理解。文化以及知识分子的艰难处境，使新一代青年更热衷于政治上的"上进"而轻视文化上的奋斗。但在任何一个社会，直接从事政治管理事业的都是极少数人，大量的青年竞争少量的政治管理职位，造成的必然是政治内部矛盾和斗争的加剧和政治关系的紊乱，政治的主体性反而建立不起来了。我们看到，1957年之后的中国内地，几乎全部政治化了，即使实际从事着文化事业的知识分子，大多数关心的也不是文化事业本身，而是自己在政治关系中的位置和处境。假若说1957年前的社会斗争还主要停留在政治与文化、政治家和知识分子之间，1957年之后的社会矛盾和斗争就主要转入了政治的内部。当全国人都被发动起来参与政治内部的斗争，中国的文化就休克了，中国知识分子这个阶层的主体性就被瓦解了。在这时，刚刚建立起来的政治主体性也逐渐丧失了，中国社会又一次陷入严重的无政府主义混乱之中。——这就是中国的"无产阶级文化大革命"。

二十五

但是，我们必须看到，在从1949年到"文化大革命"结束这个历史阶段，在政治斗争的形式下又确确实实存在着文化的内容。我认为，只

"新国学"论纲（下）

有看到这一点，我们才能看到在这一个历史阶段中国学术在某些方面所取得的进步性变化，我们才不会陷入到对这个历史阶段具体学术成果的简单否定之中去，才不会落到一种新的大批判模式中去。

如前所述，"五四"以后的中国现代文化是通过自身的分裂繁荣和发展起来的，从总体上，中国"五四"以后的新文化向着三个大的方向演进：其一是以马克思主义为思想旗帜的革命文化，其二是以学术研究为主体的学院文化，其三是以文学艺术为主体的社会文化。毛泽东作为一个知识分子，是自觉意识到自己的文化归属的，也能自觉意识到自己所代表的中国现代革命文化与中国现代学院文化、中国现代社会文化的差异和矛盾。1949年之后他利用各种偶然的文化事件所发动的文化批判运动，分明是建立在这种文化意识之上的：通过批判俞平伯的《〈红楼梦〉研究》而引渡到对胡适思想的批判，实际反映着他对中国现代革命文化与中国现代学院文化的差异和矛盾的意识：中国现代革命文化是建立在中国社会弱势群体文化心理之上的一种文化，中国现代学院文化则是建立在中国社会上层知识分子文化心理上的一种文化；对于"胡风反革命集团"的批判实际反映着他对中国现代革命文化与中国现代社会文化的差异和矛盾的意识：中国现代革命文化是建立在政治权力基础之上的一种文化，中国现代社会文化则是一种反抗政治权力的文化。直到1957年的反右派斗争，毛泽东都在有意识地进行这种文化上的斗争。但是，他所面临的问题是，当他能够发动这种大规模的文化斗争的时候，他早已上升到了政治权力的高峰，他的力量的源泉已经主要不是文化上的，而是政治上的；跟随着他进行这种批判的多数人不是与他有着同样文化思想的知识分子，而更多的人是出于对他的政治权力的服从，这就使他发动的文化批判运动不可能具有较高的文化品味，而成了一场场政治和文化的混战，并且造成了对大量知识分子的政治的和人身的伤害。但它到底还是在文化批判的旗帜下进行的，与暗箱操作的政治权力斗争仍有一些差别。这就为中国学术在某些方面的发展留下了一定的空间。我认为，值得我们注意的至少有下列几个方面：

（一）马克思主义在中国的传播

在1949年之后，马克思主义是作为国家意识形态而在中国社会得到尊重和提倡的。我们必须看到，马克思主义作为一种国家的意识形态，与仅仅以一个最高权力执掌者的意志为国家意志的"朕即国家"的个人专制还是有一定差别的。它到底是一个独立的思想学说，有着自己严整的思想体系，并且是建立在对社会弱势群体关心的基础之上的。这就为学院知识分子独立地感受、理解、阐释和运用马克思主义提供了某种可能性。思维与存在同一性问题的讨论、"一分为二"与"合二而一"问题的讨论、"桌子的哲学"问题的讨论、绝对真理与相对真理问题的讨论，虽然大都有一定的政治背景，但到底是以学术讨论的形式出现的，这对于那些不了解其政治背景的中下层知识分子的哲学思考还是有其启发意义的。《马克思恩格斯全集》的翻译和出版，马克思主义哲学、马克思主义政治经济学、马克思主义的共产主义学说作为高等学校必修的政治课程，对于中国知识分子理论兴趣的建立和社会历史观念的形成也发挥了一定的作用。更重要的是，马克思主义自身的学术性，在中国形成了一个以马克思主义为中心构筑起来的西方理论体系，对于西方学术著作的大量翻译和介绍，对于西方哲学和社会科学的接受和研究，都起了重要作用，使这个时期的中国文化并没有走向完全的封闭。在从"文化大革命"到新时期的文化转型的过程中，马克思主义作为一个超越于现实政治权力的独立思想学说发挥了重要作用，中国内地知识分子是通过重新解读马克思主义而实现了新的思想解放的。"实践是检验真理的唯一标准"的讨论、"科学技术是第一生产力"命题的提出、关于人的异化问题的讨论，不论在理论上还有多少不完善的地方，但都对这个时期的思想解放运动发挥了一定推动作用。直至现在，马克思主义在中国的影响仍然是一个不可忽视的文化问题。它对社会弱势群体生存权利和民主权利的关怀，它对现代资本主义的批判，乃至它的阶级斗争的理论和共产主义的社会理想，虽然不能像以前那样作为新的神圣来崇拜，但也不能作为新的思想恶魔来仇视。它对中国文化的发展还将发挥长远的影响。

（二）中国现当代文学史等现代文化史诸学科的建立

在中国现代历史上，中国现代社会文化与中国现代革命文化是平行发展起来的，较之中国现代学院文化，中国现代社会文化与中国现代革命文化发生着更大的交叉，很多革命者本身就曾经是文学家、艺术家、翻译家、编辑和记者，很多文学家、艺术家、翻译家、编辑和记者也曾参加过革命，在三四十年代的文坛上具有重大影响的左翼作家，从整体上都是同情和支持中国共产党领导的革命的。鲁迅既是中国新文学的奠基人，也是能够同情和理解中国共产党领导的革命斗争的社会知识分子。茅盾、巴金、曹禺、老舍、艾青、丁玲、闻一多、朱自清、邹韬奋、聂耳、冼星海、赵丹、白杨这些在中国现代文化史上具有重大影响的作家、艺术家，都与当时的革命文化保持着良好的关系。在1949年，大部分作家、艺术家都留在了大陆，这使中国现代文学史等属于现代文化史的诸种新的学科有了建立的可能和必要。仅就现代文学史学科的建立而言，李何林、王瑶、唐弢、丁易、刘绶松等学者起到了奠基的作用，严家炎、樊骏等学者继续了这个学科的成长与发展。虽然在这个过程中也曾受到政治运动的严重干扰，但这些独立学科的建立还是不容忽视的。五四新文化传统，在这些学科的话语体系中得到了传承，这在从"文化大革命"到新时期的文化转型过程中发挥了重要的作用。鲁迅作为一面独立的思想旗帜，虽然不可能发挥像马克思主义、毛泽东思想那样重要的影响作用，但在那个时期中国知识分子独立思想人格的养成上，还是有着潜在影响的。直至现在，这些学科仍在发展和壮大中，特别是当代文学等当代文化研究诸学科，逐渐占据了中国文化研究的潮头位置，对整个中国学术格局的变化将发生重大的影响。

（三）中国古代文化史研究诸学科的学术贡献

仅从理论上推断，中国古代文化史亦即过去称之为"国学"的研究在这个时期将不会有新的发展，但现实是复杂的，尽管在当时的思想理论上将"五四"之前的中国文化统统定性为封建文化、"旧文化"，尽管在文化界常常提出反对"厚古薄今"的口号，但在文、史、哲等人文学科中，中国古代文化研究仍然是这个时期学院文化的主体。在这里，原因是多方面的：首先，在一个民族国家的建构过程中，本民族的历史和文化永远是这个民族国家赖以存在的主要文化基础，毛泽东对学院文化发动的政治攻势，只是试图将学院文化纳入到国家政治的绝对领导之下，而不是为了从根本上颠覆它。其次，中国是一个文明古国，即使"五四"之后的学院文化，基础最雄厚的仍然是中国古代文化史诸学科的学术研究。在这个领域里，有着众多大师级的学者，是哲学、社会科学研究的中坚力量，在知识分子阶层有着广泛的影响，并且他们中的大多数都是遵循"为学术而学术"的治学原则的，与国家政治构不成直接的对立关系，这使政治的批判无法动摇他们的学术根基，反而使他们更紧地与学术结合起来，视学术为生命。政治上的无力和学术上的坚韧几乎是这些学术大师的共同特点，而这也是保障他们在这样一个特殊的历史时期能够取得丰硕学术成果的主观原因。第三，按照最粗略的方式划分，学术有资料和观点两个层面，掌握资料的多少表现为"学问"的大小，观点的鲜明与准确则更取决于研究者的思想视角和理论勇气。在从1949年到"文化大革命"结束这个历史阶段，受到严重摧残的恰恰是知识分子的思想个性，这就使更带理论色彩的现代诸学科如文艺学、教育学、社会学、民族学、哲学、法律学、宗教学等等受到更大的束缚，而中国古代文化史诸学科虽然也有一个观点的问题，但到底与现实政治的距离较远，这使它更重视学问，更强调史料的挖掘和整理，可以说，在当时的诸学科中，始终较好地维护住了自己的学术底线的恐怕只有这个领域。即使到了现在，因为理论大都是从西方输入的，而西方的理论则是在西方文化史的基础上抽象出来的，不是从我们民族文化史的大量事实中抽象出来的，所以常常像过眼云烟，来得快也去得快，倒是那些发现新的史料和用自己的观念梳理史料、解读史料的著作更给人以坚实的感觉。所有这些，都给那时中国古代文、史、哲的研究提供了更有利的条件，使之取得了较之其他领域更丰硕的学术成果。

民族国家对学院文化的影响，一个方面是意识形态上的，这使这个时期的学院文化不论实际的学术价值何在，但在思想上都纳入到一个相对固定的框架之中，另一个方面就是对"史"的重视。在中国文化传统中，国家与修史是分不开的。所以，运用国家的力量，调集全国最有实力的专家，国家给以经济资助，集体编写或由最有权威的学者主持编写史著，并且以高等学校通用教材的方式在全国加以推广，是这个时期学院文化中的一个突出现象，更是中国古代文化史诸学科的突出现象，由高教部主持、由游国恩等主编的《中国文学史》，由中国社会科学院文学研究所编写的《中国文学史》，由侯外庐主编的《中国思想通史》，由郭沫若主编的《中国史稿》，由翦伯赞主编的《中国历史简编》等等，都是这个时期有代表性的著作。这类著作在观点上的创新和突破受到很大影响，但由于编写者都是各个方面的权威学者，所以在学术质量上有着较好的保证。

这个时期中国文化史研究的重大突破发生在考古学领域。李零在其《简帛古书与学术源流》中认为20世纪中国史学经历了四个时期的变化，第一时期是1900年至1911年，这个时期是"五大发现"[①]为世人所瞩目的时期。在这个时期，还只有罗（罗振玉）学，而无王（王国维）学；第二时期是1911年至1927年，王国维尽弃前学而转入古史研究，这个时期是罗王之学和"古史辨"派先后问世的时期，前者是清室逊位的产物，后者是"五四"的产物。前者思想虽旧，材料则新，后者思想虽新，材料则旧。第三时期是1927年至1937年。1927年中国历史语言研究所成立，在历史研究中它重视以西方的考古学改造中国的经史之学，在语言的研究中它重视以西方的比较语言学改造中国的小学和考据方法。1928年郭沫若东渡，初创中国的马克思主义史学，但也关注考古发现和铭刻史料。1937年至1949年是战争时期，历史学研究的变化不大，1949年之后为第四时期。关于这个时期，李零写道："1949年以前，中国虽有考古发掘，但主要限于新石器时代和商代，其他时段的发现，几乎都是来自探险、盗掘和地面调查。1949年后，史语所迁台，只能整理过去的发掘资料和在台湾做原住民考古，中国考古的重镇在大陆，考古的'当朝'和'在野'，彼此换了位。这第四变是天崩地裂。它在台海之间画了一条

[①]1899年发现殷墟甲骨文字，1901年发现敦煌、塞上及西域各地之简牍，1900年发现敦煌千佛洞之六朝所书卷轴，1909年内阁大库之书籍档案为世人所知，1901年发现中国境内之古外族遗文。

线，在世纪当中画了一条线。20世纪的后五十年，考古学突飞猛进，在广度和深度上，要远远超过前五十年。比如，西周和东周，秦代和两汉，几乎可以说，已是全新的领域；战国的文字研究、出土古书研究，都是50年代以来的新学问。虽然简牍发现很早，'五大发现'中的第二项和第五项，都和它有关。但前五十年，主要发现是文书；后五十年，才有大批古书出土。特别是近三十年，它的发展特别快……"①

这个时期个人的研究成果甚多，限于本人的学识，不但无力一一列举，甚至连综合概括的资格也没有。但这样一个结论大概还是没有多么大的差错的，即，不论是较之1949年之前，还是较之其他研究领域或较之台海地区，这个时期中国内地在中国古代文化史诸学科的研究领域，成果都是最丰富的。学术研究不能不受政治环境的影响，但又不仅仅取决于政治环境本身的状况。我认为，这是在考察我们学术研究的状况时必须注意到的。

（四）自然科学研究基础的巩固与加强

从清末接触西方文化以来，自然科学就是作为国家发展的基础得到朝野知识分子一致重视的一个学术领域，但由于政治的混乱和连年的战争，自然科学研究的整体格局并没有牢固建立起来。1949年之后尽管政治运动不断，也影响到自然科学研究的顺利发展，但到底是一个和平时期，国家的建设不能不建立在自然科学发展的基础上。在自然科学研究中，那个时期更重视基础理论的研究，虽然在一定程度上影响了应用研究的发展，但以长远的眼光看来，那时对基础研究的重视不是没有合理性的。将学术作为学术来讨论，在中国常常是人文知识分子的事情，而人文知识分子常常不把自然科学的研究也作为中国学术的一部分来思考，这有时会影响到我们对于中国现代学术的一些根本看法。假若说在这个时期以前，对于中国社会的发展起到关键作用的还不是当时自然科学的研究，而到了50年代之后，自然科学研究在我们学术研究中的地位就是不能忽视的了。原子弹爆炸的意义已经不仅仅是自然科学上的，甚

---

① 李零：《简帛古书与学术源流》，生活·读书·新知三联书店，2004，第6页。

至主要不是自然科学的，更是政治上的和文化上的。它改变了中国在世界上的政治地位，同时也改变了中国在世界上的文化地位。美国及其他西方国家是在中国原子弹爆炸之后才开始重视中国文化的研究的，这形成了一个海外中国文化研究的队伍，直至现在，这个研究队伍仍然在中国学术的发展中起着举足轻重的作用。

（五）外国文化的翻译和介绍

除了上述马克思主义著作和西方学术名著的翻译和出版，西方文学艺术作品和西方文论的翻译和出版在这个时期也有显著的成就，20世纪西方当代作品的翻译和出版受到了某些限制，但在从古希腊、罗马到20世纪上叶西方文学艺术作品的翻译上，这个时期已经具有了整体的规模，而像周作人、朱光潜、傅雷、曹靖华、戈宝权、汝龙、李霁野、草婴、蒋路、冯至、张友松、缪灵珠、伍蠡甫等一大批翻译家，翻译了大量西方文学或文论名著，这些翻译作品在新时期文学创作的重新繁荣过程中发挥了重要的作用。而像杨周翰主编的《欧洲文学史》、朱光潜的《西方美学史》、冯至的《德国文学史》则在中国学者的西方文学史的编撰上取得了突出的成就……

二十六

为什么在从1949年到1976年这个极不利于中国学术发展的历史阶段中国学术仍然取得了不能忽视的成果？我认为，中国现代教育，特别是中国现代高等教育的发展应该是最根本的原因。在这里，我们不能不回忆起中国现代高等教育的奠基人蔡元培以及他的现代高等教育的基本观念。"大学者，研究高深学问者也……所以诸君须抱定宗旨，为求学而来。入法科者，非为做官；入商科者，非为致富。宗旨既定，自趋正轨。"[①] "大学者，'囊括大典，网罗众家'之学府也。《礼记·中庸》

[①] 蔡元培：《就任北京大学校长之演说》，载《蔡元培文选·文化融合与道德教化》，上海远东出版社，1994，第295页。

曰：'万物并育而不相害，道并行而不相悖。'足以形容之。如人身然，官体之有左右也，呼吸之有出入也，骨肉之有刚柔也，若相反而实相成。各国大学，哲学之唯心论与唯物论，文学、美术之理想派与写实派，计学之干涉论与放任论，伦理学之动机论与功利论，宇宙论之乐天观与厌世观，常樊然并峙于其中，此思想自由之通则，而大学之所以为大也。"[1]蔡元培在这里所表达的思想，并不仅仅是一种思想自由的主张，而是关于现代高等教育的一种观念。首先，现代高等教育已经不是"官僚养成所"，不是仅仅为政治服务的，而是面向整个社会，面向人类的各项事业，为整个社会造就有思想、有知识的人才的。它之"大"首先是大在各科知识和学问的总汇，而不是任何一种单科知识和技能的传授；其次，在任何一个专门的领域里，都包括人类有可能产生的各种观念和各种思考，以便养成学生独立思考和独立创造的能力，而不是只有单一的思想体系，迫使学生只能接受这种单一思想体系的现成结论。也就是说，它之"大"也表现为它"肚大能容"，人类社会所可能产生的各种思想观念和知识体系都能被包容在高等教育的体系之中，并构成新的创造和发明的基础。实际上，这是所有民族现代高等教育的两个基本特征。一个现代的民族国家，不可能没有现代的高等教育，而只要这个民族国家的现代高等教育存在着并发展着，它的这两个基本特征就是不可能从根本上消失的。不论哪个民族的现代高等教育都不能只有政治系而没有任何其他的系科；不论哪个系科的教师都不能在课堂上照本宣科，而必须把自己独立的感受和思考融入课堂教学中去，以科研带动教学。这就决定了现代高等教育自身的性质和作用，也决定了一个民族文化发展的总体趋向。我们看到，从1949年到1976年这个历史时期，尽管政治运动接连不断，但每一个政治运动的高潮期过后，就有一个恢复高等教育正常秩序的过程，而一旦这种秩序得到某种程度的恢复，不但各科教学要重新回到基本理论、基本知识、基本技能的教学基础上来，各科的学术研究也会在原有学术成果的基础上寻求某些方面的突破。在这样一

---

[1] 蔡元培：《〈北京大学月刊〉发刊词》，载《蔡元培文选·文化融合与道德教化》，第320页。

"新国学"论纲(下)

些学术回升期,最响亮的口号就是:"百花齐放、百家争鸣"。

但是,这并不意味着我们常常称之为极"左"思潮的那种思潮没有给中国学术事业造成严重的破坏。不过,这种破坏更主要地集中在具有直接的现实性、社会性和理论性的诸学科领域中。哲学、美学、文艺学、教育学、政治学、法律学、经济学、社会学、文化学、文化人类学、普通语言学、心理学等等学科,就其作用而言,与人、与人类社会现实的存在与发展有着更加密切的关系;就其性质而言,它们更带有理性把握的深度和广度,更需要系统性和完整性;就发展的形式而言,更需要研究者个人对世界、人类和国家、民族整体发展的关心和责任感,更需要研究者个人感受力、思考力和创造力的发挥。政治主体性对文化主体性、经济主体性的压迫,使这些领域思想自由的空间极为狭小,反复论证的只是几个有关的政治概念,而无法进入到有实质性的理论探讨中去,也无法说明现实存在的实践问题,这直接影响到中国社会和社会思想的发展。"文化大革命"以及对中国社会、中国文化造成的极大破坏,直接激发了这些领域中国知识分子的思想热情,新时期的思想解放首先是在这些领域里发生的。所有这些学科,在中国具体的文化环境中还有一个重要的特点,即它们都是随着中国现代高等教育的产生而产生的,是按照西方学科的分类方式而被区分为各个不同的专业的。五四新文化运动之后这些专业才得以正式地形成,其基础十分薄弱,它们大量的基础概念都是直接从西方同种学科中翻译介绍过来的,在中国古代以经史子集为主要分类方式的学术体系中没有形成这些学科所赖以存在的基本概念系统。当"文化大革命"之后这些领域的中国知识分子感到了革新的必要的时候,现代社会的要求就成了他们实现改革的主要依据,"现代性"也成了他们的主要思想旗帜,而"五四"追求民主、科学、思想自由、个性解放的精神也成了这些领域改革知识分子的基本文化精神。本民族学术基础的薄弱,使这时的"现代化"不论在其内容上还是在其形式上,都更加接近"西方化",西方近现代历史上已经出现的大量学术成果填补了这些学术领域的空白,中国的文化改革、包括学术改革继五四新文化运动之后又一次采取了直接输入西方文化成果的形式。"西语热""留学热""西学热"成了这个时期中国社会和中国文化的一个突出现象。但也正是因为"西学热"的出现，使中国知识分子再一次感到了失去自我主体性的危险。这一次不是失落在国家意识形态的主流话语中，而是失落在西方大量现成的理论学说中。这些学说，尽管产生在西方近现代社会的历史条件下，对于中国文化的现代发展有着诸多直接的借鉴意义，但西方有西方的历史和文化传统，中国有中国的历史和文化传统，西方现代社会是在西方历史和文化传统的基础上演变发展而来的，中国现代社会则是在中国历史和文化传统的基础上演变发展而来的，彼此有着相通乃至相同的特征，但在这相通乃至相同的特征背后涌动着的却是相异乃至相反的文化潜流。"全球化"给中国社会带来了前所未有的繁荣和发展，但也给中国社会带来了前所未有的震动和危机。"西语热"提高了新一代知识分子的外语水平，但也造成了部分人对本民族语言的轻视；"西学热"加强了中国知识分子对"西学"的了解和对西方人文化心理的理解，但也造成了对"中学"的漠视和对中国人文化心理的隔膜。不难看出，正是在这种文化情势下，使另外一部分中国知识分子开始把目光主要转向了中国古代的历史和文化，并感受和触摸到了研究中国古代历史和文化的价值和意义。"国学"这个学术概念再一次出现在中国内地，并酝酿出了一个新的"国学热"。

"现代热"——"西学热"——"国学热"，这就是"文化大革命"结束之后中国文化、中国学术演变的三部曲，但也正是到了"国学热"的出现，新时期中国学术复苏的过程才告正式完成。一般认为，"文化大革命"结束之后中国内地有一个短暂的新的思想启蒙运动。我认为，我们与其说这是一个思想启蒙运动，不如说是一个固有的中国高等教育体制以及与此相联系的中国学术的复苏过程。高等院校的恢复招生以及研究生招生制度的建立在这个时期中国学术的发展过程中有着关键的意义。高等院校的恢复招生唤回了中国学者的学术热情，而"文化大革命"结束之后招收和培养的研究生在这个时期中国学术的发展中则起到了主力军的作用。他们进行的并不是一个启他人之蒙的思想运动，而是一个独立思考、自求新知、自我觉醒、建构自我、参与交流的过程。他们与晚清至五四新文化运动那两三代中国知识分子的根本不同在于：晚清至五四新文化运动那两三代知识分子是在西方文化的直接影响下首先意识到中国文化的危机并起而革新中国文化的知识分子，在"国学"的基础上接受"西学"然后革新"国学"、建立起中国现代文化的新传统是那时中国文化的主渠道，而这个时期的知识分子则是在中国固有的文化传统的基础上重新开始自己领域的研究工作的知识分子。"现代热"—"西学热"—"国学热"，反映的不是中国文化的历史发展过程，而是不同领域的学术研究相继复苏的过程。它的根本意义在于：与中国现代高等教育的各个系科相联系的不同学术领域，都重新感到了自己存在和发展的独立价值和意义，并进一步开拓了自己的独立文化空间。

二十七

但是，当"国学"这个学术概念重新出现在中国内地学术界的时候，中国社会和中国文化却已经经历了一个世纪的变化。在中国现代文化史上，"国学"这个概念经历了"信古""疑古""释古"三个不同的阶段，同时也存在着这三种不同的学术形态。"信古"是以古代经典为基本价值观念和价值标准的时期，从事的是考证或阐发中国古代经典的意义和价值；"疑古"是以西方科学为基本价值标准对中国古代典籍的真实性产生怀疑的时期，从事的是用考证的方法揭发古代造伪与证伪的事实；"释古"是试图沟通中西文化的时期，从事的是用西方的哲学、逻辑学的概念阐释中国古代基本的文化概念、重构中国古代儒家文化体系的工作。但所有这三种形态，都是以中国古代文化为主要研究对象的，都是与"古"紧密联系在一起的。这就与"国学"这个学术概念本身发生了更为严重的矛盾。"国学"，顾名思义，是一个国家、一个民族的文化和学术。在这个国家、这个民族的内部，"国学"还具有一种潜在的情感色彩和价值评价，有着"它是我们自己的文化和学术""是与我们自己国家、自己民族的生存和发展息息相关的"等微妙的含义。但是，如上所述，中国现当代文化是在分化的趋势中发展起来的，不但现代学院文化只是中国现代文化的一种文化形态，即使在学院文化中，"国学"也是分化发展的结果，是其中的一个学术领域，而不是全部学术领域的总称。这就把大量不同学术领域以及在这些领域从事学术研究的中国知识分子他者化、异己化了。"国学"这个学术概念在迅速扩大着自己影响的同时也遇到了其他学术领域及其专家与学者的公开的或心理的抵抗。这样的学术领域至少有下列三类：（一）中国现当代诸学科。中国现当代历史、中国现当代文学史、中国现当代艺术史、中国现当代教育史、中国现当代经济史等等，都已经是中国文化历史的一个时期，这个时期的文化也自然而然地成了中国历史与文化传统的一个有机组成部分。它们都程度不同地受到西方文化的影响，但这并不能影响它们作为中国历史与文化传统的一个有机组成成分的基本性质，这些学科的学术研究成果属于不属于"国学"？在这些学科从事学术研究的专家和学者是不是"国学家"？这不但是一个概念的问题，同时也是一个如何感受、理解和评价这些学科的学术研究的问题，是如何感受、理解和评价这些学科的知识分子的问题；（二）数学、自然科学研究领域。数学、自然科学研究的薄弱，是中国古代文化的一个特点，也是一个弱点，数学、自然科学诸学科几乎都是在首先接受了西方数学、自然科学现成成果的基础上重新起步的，但所有这些学科，都是中国现代教育的有机构成成分，所有这些学科的专家和学者，在中国现代社会、中国现代文化的发展过程中都起到了举足轻重的作用。时至今日，把数学、自然科学完全视为"西学"已经是极不合理也极不实际的，而把数学、自然科学完全排除在"国学"之外则更不合理、更不实际；（三）具有现代逻辑系统的诸学科。哲学、美学、文艺学、教育学、政治学、经济学、法律学、社会学、文化学、文化人类学、心理学等等，在中国古代都有其思想的根底，其文化的资源兼容中西，但其专门的研究则是在西方同类学科已有的基本概念系统的基础上重新起步的。这些学科的研究既具有直接实践性的品格，也具有理论抽象性的品格，在中国现代学术中占有较大的比重。"国学"自然是一个国家、一个民族的学术，就不能将这些学科排斥在自己的范围之外。

那么，"国学"这个学术概念还有没有存在的必要呢？我认为，它的必要性恰恰对于那些程度不同地接受过西方文化的影响而在现代中国重新发展起来的各个学术领域以及从事这些领域学术研究的中国知识分子有着更加关键的意义和价值。对于一个中国古代文化史的研究学者，

"新国学"论纲(下)

不论何时何地,都不会对自己学术活动的意义和价值(假若他自己意识到了自己学术活动的意义和价值的话)发生感觉上的巨大落差,因为他的参与意识是相对明确的,他对自己实际参与的学术整体也是相对明确的,他的参与活动在这个学术体系中的作用和意义也是相对明确的。我认为,正是因为如此,所以直至现在,在整个中国学术领域之中,中国古代文化研究领域的学者在整体上表现着更加严谨、更加朴实的学风。在我们感受、理解和评价一个中国古代文化史学者的研究成果的时候,我们对其学术价值和意义的感觉(假若我们感觉到了它的意义和价值的话)也是相对明确的,因为我们知道应当在怎样一个学术体系中感受、理解和评价它。而到了"五四"以后产生的各个新的学术领域里,我们的评价系统却是相对混乱的,这不但表现在整个社会和整个学术领域的相互感受、理解和评价上,同时也渗透进我们的自我意识里。在这里,有着两个或两个以上的学术体系,一个是西方的学术体系,一个是中国的学术体系,一个中国学者的学术成果到底应当首先纳入到怎样一个学术体系中来感受、来理解、来评价?不难看出,这恰恰是中国学者经常感到困惑并使中国学术常常陷入混乱无序状态的根源之一。我们常常用"文化泡沫"这个概念概括那些表面繁荣而实效甚少的文化现象,在当前的中国,给中国学术带来新的繁荣的常常是这些领域的学术研究,而给中国学术带来大量文化泡沫的也常常是这样一些学术领域的学术研究。正是在这里,我认为,"国学"这个学术概念对于我们中国的知识分子和中国的学术事业,还是至关重要的。

学术是独立的,学术领域的每一个学科也是独立的,但即使这种独立性也是在与其他学科或其他文化领域的区别和联系中表现出来的。"学术"是在人类认识世界、认识社会、认识人类自己的目的下产生与发展起来的,是用文字符号进行表达、传播和交流的。但人类的认识也脱离不开人的感受和体验,我们认识的世界、社会和人,永远只是我们感受和体验中的世界、社会或人自身。所以,"学术"不是文学和艺术,但又与文学和艺术紧密联系在一起,甚至文学艺术本身也是学术研究的一个重要的对象。"学术"实现的是认识的目的,其表现形式是语言的,它诉诸人的认识,而不诉诸人的肉体;它给人以理性的启迪,而不给人以物质的利益。但是学术又是在特定的政治环境和经济环境中进行的，它所思考的大量问题都是现实世界提出的，是与人的政治、经济利益密切相关的。正是因为如此，所以学术的非功利性是相对的，而不是绝对的，不论它与社会的政治、经济实践在表现形式上有着多么遥远的距离，但它还是在自己的政治、经济关系中存在和发展的，它所关注的问题本身也常常是这个政治、经济环境向它提出的，有功利性目的的。人类的认识是普遍的，人类的理性思维方式之间原则上不存在本质的差别。一个美国人能够理解的，一个中国人原则上也能够理解；一个一贫如洗的流浪汉能够理解的，一个腰缠万贯的富翁原则上也能够理解，但是，不同的民族和不同的人之间却有不同的经验世界，而在不同的经验世界里不同的问题却有不同的心理距离和不同的难易程度。中国人感到极易理解的，美国人可能感到极难理解；美国人感到极易理解的，中国人却感到极难理解。也就是说，学术以及其中的每一个学科都有其独立性，但又都是在一个社会整体中产生和发展的，这个社会整体也在有形与无形中影响着自己的学术及其发展状况。各个学科乃至各个学者的研究活动都与这个社会整体相互联系着，彼此也构成特定的关系，并由这些错综复杂的关系将所有领域的学术研究及其活动连接为一个整体。在这里，具体的研究活动是在参与这个学术整体的过程中表现出自己特定的价值和意义的，这个学术整体则是在参与这个社会整体的过程中表现出自己的价值和意义的。我把参与中国社会整体的存在与发展的中国学术整体就视为我们的"国学"。

不难看出，当我们将与异域文化影响有直接关系的学术领域以及在这些领域从事学术研究的中国知识分子的学术成果完全纳入到"国学"这个学术概念之中来的时候，这些学术领域以及这些学术领域的中国知识分子就有了一个基本的自我意识形式，我们对这些学术领域以及在这些学术领域从事学术研究活动的中国知识分子的学术研究成果，也有了一个感受、理解和评价的基本形式。这些学术领域的学术成果，就其形式自身，在异域文化中有着相对应的文化产品，而这些相对应的文化产品在异域是有特定的价值评价的。这样，我们往往就把西方那些与之相对应的文化产品的价值和意义也视为这些学术成果自身的价值和意义，

"新国学"论纲(下)

而它们越是在表现形式上与异域这些相对应的产品相同或相似,我们就越是会将二者的价值和意义等同起来。但当将它们纳入到"国学"这个学术整体之后,我们对它们的价值和意义的感受、理解和评价的形式就会发生自觉或不自觉的变化。在这时,也只有在这时,我们才会感到,它们的价值和意义首先不是从异域文化的整体中获得的,而是首先在"国学"这个中国学术整体中获得的。即使它的世界性意义,也只有在这样一个基础上才会有着更加真切的感受和理解,才有较近合理的评价。在30年代的中国,仅仅在世界范围的马克思主义理论阵营中感受、理解或评价,王明肯定是比毛泽东更加杰出的马克思主义者,但这种评价形式本身就是不合理的。他们都是中国共产党的领袖人物,他们的价值和意义首先应当表现在对于中国共产党领导的革命斗争的作用和意义上,也只有在这样一个基础上,我们才会感到,即使对于整个国际共产主义运动,毛泽东也是较之王明贡献更大的一个中国革命的领袖人物。胡适在谈到蔡元培的时候转述杜威对他说的话:"拿世界各国的大学校长来比较一下,牛津、剑桥、巴黎、柏林、哈佛、哥伦比亚等等,这些校长中,在某些学科上有卓越贡献的,固不乏其人;但是,以一个校长身份,而能领导那所大学对一个民族、一个时代起到转折作用的,除蔡元培而外,恐怕找不出第二个。"①实际上,这样感受、理解和评价人物的方式,同样适于鲁迅、胡适、孙中山、毛泽东、康有为、梁启超、章太炎、王国维这样一些为中国近现代历史和中国近现代文化做出了巨大贡献的人物。文化、学术,不像在同样一个起跑线上起跑的赛跑,有一个绝对的高度,它是以影响人类生活的广度和深度为基本尺度的。那些推动了中国文化和中国学术发展的人物及其作品,影响了并继续影响着一个占世界四分之一人口、有着几千年文化传统的文明古国的文化及其社会生活,我们没有理由替他们自卑自贱,更没有理由拿着刚从国外接受来的一点新知识与新思想而傲视他们、俯视他们。总之,只有通过这个我们都参与其中的"国学"这个学术整体,我们才能较近合理地感受、理解和评价我们自己存在的价值和意义,才能较近合理地感受、理解和

---

① 高平叔:《蔡元培改革北京大学》,载《群言》1987年第2期。

评价我们每个民族成员存在的价值和意义。任何一个人都首先不是为另外一个或一些民族而生存、而成长的，而是首先为自己、为自己的民族而生存、而成长的，不首先通过对一个人在他所存在的社会整体和文化整体中价值和意义的认知，我们就无法实际地感受到他对于整个世界、整个人类的价值和意义。

假若说这样理解"国学"这个学术概念，对于那些在异域文化直接影响下产生的新的学术研究领域以及在这些学术领域从事研究活动的中国知识分子能够更清醒地意识到自己研究活动的民族性，那么，对于中国古代文化研究领域以及在这些领域从事研究活动的中国知识分子则能够更清醒地意识到自己研究活动的现代性。直至现在，在我们的学术界，"民族性"和"现代性"仍然常常是作为两个直接对立的概念而被运用的。"民族性"常常被用来排斥异域文化，"现代性"常常被用来排斥中国古代文化。实际上，在现代中国，这两个概念永远是无法分离的。凡是在现代中国具有民族性的，它一定同时是现代性的，否则，它就根本无法在中国现代文化中生存并发展，而凡是在现代中国具有现代性的，它一定同时是具有民族性的，否则，它就根本无法在中华民族内部生存并发展。这样一种关系，通过我们现在理解中的"国学"这个学术概念，是极易得到阐释和说明的。正像那些在异域文化直接影响下产生的新的学术研究领域以及在这些学术领域从事研究活动的中国知识分子的学术研究成果的意义和价值首先是在"国学"这个学术整体中获得的一样，中国古代文化研究领域以及在这些领域从事研究活动的中国知识分子的研究成果的价值和意义也是首先在现代中国的这个学术整体中获得的。王国维对殷墟甲骨文字的研究成果根本无法纳入中国古代学术体系中去，它所完善的只能是中国现代人和中国现代知识分子对中国古代历史与文化传统的认识，形成的只能是中国现代人和中国现代知识分子的新的历史观念和历史研究的观念。只要不把"现代性"等同于"西方性"，它的现代性就是不言而喻的。中国现代知识分子以及中华民族的全体成员不可能都从事殷墟甲骨文字的研究，但也正是因为如此，王国维的研究成果在整个中国社会和中国学术界是具有独立的价值和意义的，人们是通过对王国维学术成果的接受丰富着自己对本民族历史和文化的认识的。正是在这里，首先赋予了王国维及其学术成果以存在的价值和意义，使之构成了中国现代学术整体的一个有机构成成分。它的世界意义也正是在这样一个基础上产生的。他民族的知识分子是通过对中国社会、中国文化和中国学术的关注而关注于王国维及其学术成果的。也就是说，异域的文化研究通过进入"国学"这个学术整体而获得中华民族的民族性，中国文化的研究通过进入"国学"这个学术整体而获得世界性。所以，我认为，重新建构"国学"这个固有的学术概念，对于中国文化、中国学术的发展是有十分重要的价值和意义的。

这样一个意义上的"国学"，是在中国现代文化史上已有的"国学"这个学术概念的基础上提出来的，但又与中国现代文化史上固有的"国学"有着不尽相同的内涵和外延，所以我称之为"新国学"。

二十八

自然"新国学"被视为参与中国社会生存和发展的一个学术整体，"新国学"就不是规定性的，而是构成性的。也就是说，它不应有一个先验性的规定，而是由在中国社会从事着各种不同领域的各种不同的研究工作并以各种不同的形式参与这个学术整体的中国知识分子的研究成果共同构成的。

"国学"这个概念是在中西文化相接触的历史时期出现的，在这个历史时期，中国知识分子很自然地会产生两种不同的文化选择：其一是坚持固有的中国文化传统；其二是了解、认识、输入西方文化，革新中国文化。在这种情况下，不论是在哪个派别知识分子的观念里，"国学"都是中国固有文化、中国固有学术的代名词，是在"中—西"二元对立的学术框架中与"西学"相对立的一个学术概念。但也正是因为如此，"国学"在他们的观念里也就有了先验的规定性。在第一类知识分子的观念里，"国学"实际是中华民族生命的根本，而在第二类知识分子那里，"国学"则是需要革除、需要抛弃的陈旧文化，是中华民族生命的负累。但不论怎样理解，它都是一个有着先验规定性的学术概念。视之为中华民族的生命者，其所有的研究最终证明的是中国固有文化传统的价值和意义；视为中华民族生命的负累者，其所有的研究最终证明的是中国固有文化传统的陈旧和朽腐。这形成了中国现代文化史上的"信古派"和"疑古派"。实际上，这还只是中国现代学术形成的一种历史形式，而不是"国学"的本身。真正意义上的"学术"，完成的是对世界、社会、人类自身的认识过程，是由已知探求未知的一项人类的事业。一个民族的学术，是这个民族在自己存在与发展过程中认识世界、社会、人类自身的过程。真正从认识论的意义上，一个研究者不可能对自己的研究对象尽"信"无"疑"，也不可能对自己的研究对象尽"疑"无"信"。"信"是研究的基础，"疑"是研究的动力，以"信"破"疑"，由已知求未知，进一步丰富或深化对研究对象的认识才是学术研究的真正目的。在这个意义上看待"释古派"，它实际上是"双信派"，既信中国古代文化传统的绝对合理性，也信西方逻辑体系的绝对合理性，他们所要实现的是用彼种合理性阐释此种合理性，因而它最终提供给读者的也不是一种新的认识以及新的认识形式。实际上，在人类的认识体系中，是不存在任何一个脱离开特定认识目的的绝对合理性的真理形式的。脱离开中国古代思想家的特定认识目的和西方思想家的特定认识目的，用西方的哲学方法和哲学概念阐释中国古代哲学家的理论概念，是不可能提供给读者以全新的认识的。

"中—西"二元对立学术框架在新文化阵营中形成了"新—旧"二元对立框架。由于新文化运动的提倡者是主张输入西方文化、革新中国文化的，所以在新文化阵营中，"旧"就是"不好"的意思，"新"就是"好"的意思。实际上，这也是一种先验的规定性，是中国现代学术形成的历史形式，而不是中国现代学术的本身。"新""旧"是从产生的时间顺序而言的，"好"与"不好"是从其价值和意义而言的，价值观与时间性有关联，但其关联是多向度的，而不是单向度的。假若"新"的就一定好，越新越好；"旧"的就一定不好，越旧越不好。或者相反。学术研究也就没有存在的必要了。

在这里，我们还不能不谈到在新文化阵营中发展起来的中国现代革命文化。实际上，中国现代革命文化为我们提供的是"统治阶级文化—被统治阶级文化"二元对立的学术框架。这个学术框架也是有先验的规定性的，即统治阶级的文化是反动的文化，是应该被打倒的文化；被统治阶级的文化是先进的、革命的文化，是应该打倒一切、独占世界的文化。它同样是中国现代学术形成的一种历史形式，而不是中国学术的自身。一个民族，一个国家，自然存在着拥有政治权力的管理者阶层和没有政治权力的被管理者阶层，说明这两个阶层对于这个民族整体、这个国家整体，都是有特定的作用和意义的。没有拥有政治权力的管理者阶层，这个民族、这个国家就会陷入无政府主义混乱状态；只有拥有政治权力的管理者阶层而没有从事实际生产的被管理者阶层，更是不可思议的。自然它们对这个民族整体、这个国家整体都是不可或缺的，就只有如何认识和改革统治阶级文化、如何认识和改革被统治阶级文化以及如何调整并改善二者关系的问题，而没有一个谁消灭谁的问题。

总之，"中—西""新—旧""统治阶级文化—被统治阶级文化"这些在中国现代学术史上形成并凝固起来的学术框架都是有先验的规定性的，因而在本质上并不是真正学术的框架。它们的实际作用是促进了学科的分化，信古派坚守了中国古代文化的研究阵地，新文化派输入了西方文化以及西方文化的学术观念和治学方法，革命文化关注着现实社会问题的分析和研究，并且随着历史的演变和发展，随着学术研究规模的扩大和学术研究的深入发展，在各个不同学科内部也有了各种不同的角度和方法。它在整体上实现的不是一个消灭另一个的过程，而是逐渐积淀和逐渐丰富化的过程。我认为，直至现在，这种主要通过内部分化而形成不同研究领域的过程已经基本结束，新的学科仍然会出现，但却不会在与不同学术领域的直接对立中才能产生。在这时的中国学术整体，亦即我所说的"新国学"，已经没有任何一个先验的规定性，它不会预先规定你必须论证什么以及怎样论证。它的基本形态是构成性的，是由各种不同的学术研究领域和同一学术领域的各种不同的具体研究活动及其研究成果共同构成的。我们再也不能像梁漱溟那样说："西方文化是以意欲向前要求为其根本精神的"，"中国文化是以意欲自为、调和、持中为其根本精神的"，"印度文化是以意欲反身向后要求为其根本精神的"。[1]因为我们中国文化也有了意

---

[1] 梁漱溟：《东西文化及其哲学》，商务印书馆，1987，第55页。

欲向前要求的文化力量和意欲反身向后要求的文化力量，我们的"国学"，是所有这些文化精神的构成体，只是因为我们面临的是与其他民族、其他国家不尽相同的认识问题，我们的"国学"才与其他民族、其他国家的学术在整体上呈现着各种差别，即使这些差别，也不可能具有任何先验的规定性，因为自然是一个整体，它就是由各种不同的领域和各种不同的倾向构成的，自然是学术，它就是一个变动不居的领域，而不可能有一个凝固不变的、涵盖一切的、完全统一的理念化本质。

二十九

"新国学"是构成性的，那么，它是怎样构成的呢？

在这里，我们首先应当注意到的就是民族语言在民族学术整体构成中的作用。

学术，是一种语言建构，这种语言建构完成的是一个认识过程。这种用语言建构起来的认识过程是用于交流的，是需要在特定的范围中传播的，而其传播的范围在更多的情况下不能不首先发生在自己民族的范围之中。他民族的学术成果要想在这个民族中得到更为广泛的传播，必须首先翻译成这个民族的语言；这个民族的学术成果，要在他民族得到更广泛的传播，必须首先翻译成他民族的语言。这样，任何一个现代民族的学术都不可能是绝对封闭的，但任何一个现代民族的学术仍然是由民族语言构成的一个相对独立的学术整体。语言区别了本民族学术与他民族学术在整体上的差别，同时也将本民族的学术构成了一个整体。在这里，民族语言的构造性还不仅仅是形式上的，不是因为它们都是用民族语言写成的，而更是流通意义上的。由于语言的隔阂，中国大量的学术著作在域外可能没有任何影响，但在我们民族的内部却绝对不是没有价值和意义的，而像孔子、孟子、老子、庄子、韩非子、墨子、屈原、司马迁、陶渊明、李白、杜甫、白居易、曹雪芹、罗贯中、施耐庵、吴承恩、吴敬梓、蒲松龄、孙中山、鲁迅、胡适、毛泽东这些中国人的著作在中华民族内部的影响则是全社会的，在异域有着全社会影响的作品在中国则仍然主要停留在相对应的专业领域内部，并且大都是通过翻译家的翻译才被中国读者所接受、所了解的。总之，民族的语言决定着一种文化在一个民族内部的流通状况，一个民族的文化，包括它的学术就是被这样的大大小小的流通渠道贯穿成一个整体的。这决定了不论一个民族的文化和学术与其他民族的文化和学术取着怎样开放的态度，这个民族的文化和学术还是这个民族的文化和学术。开放，总是相对的，不是绝对的。但这里也有一个前提，那就是民族语言无论怎样改革，但其独立性是不能丧失的。在一个民族内部，要永远坚持民族语言的母语地位。

民族语言是构成一个民族学术整体的关键因素，但对于我们这个多民族的国家来说，却不能仅仅将民族语言当作本民族学术的唯一构成性因素。汉语是中华民族的一种主要语言，是我们的"国语"，中国历史上大量语言文学作品都是用汉语写成的，现在从事学术研究的专家和学者也大都是用汉语写作的，但它仍然无法将中华民族内部各少数民族的文化典籍和用少数民族语言发表的学术成果组织在中华民族的学术整体之中，将它们组织进这个学术整体的是"国家"。在这里，"国家"不仅仅是指国家的最高政治权力机关，而是指一个统一的、独立的社会整体。"国家"是由国家的各项事业构成的，政治、经济、文化是一个现代国家的三项主要事业，学术事业又是国家文化事业中的一项事业，是与国家的教育事业紧密相连的。学术的事业有与国家的其他各项事业不同的独立职能，同时又与国家的其他各项事业紧密联系在一起。从政治实践和经济实践的角度，学术事业是政治宏观管理和经济宏观管理中的一项事业，是处在国家法律约束下和国家经济支配下的，"国家"大于"学术"，而从知识、文化的角度，一个国家的学术事业不仅要思考和研究与国家政治、经济实践有着直接联系的所有问题，还要思考和研究这个国家的人民所感觉到、接触到的一切事物和一切问题，在这个意义上，"学术"又是大于"国家"的。在一个国家内部，政治、经济、文化构成的是一个互动的体系，这个国家的学术作为文化事业的一部分也在这个互动的体系中与政治、经济和文化的其他事业构成既有矛盾又有统一的互动关系，与此同时，"国家"也将我们的学术通过与国家各项事业的互动关系联系成了一个整体。这从现代高等教育的构成形式也可以看得出来，不论现代高等教育各个系科的内部包含着多么复杂的内容，但所有这些系科都是与国家的各项事业遥相呼应的（这与国际文化交流也有关系，但它与国家各项事业的呼应性关系永远是主要的、基础性的）。

我们看到，通过"民族语言"和"国家"这两个构成性因素，我们所说的"国学"就与原来所说的"国学"有了不同的内涵和外延，但它又绝对不是一个无法界定的学术整体，而是有着明确的边际感的。从民族语言的角度，包括中国内地学者、海外华人以及台、港、澳等地区的中国学者在内的所有历史上留传下来的和现在刚刚出版的用汉语言文字写成的学术研究成果，都应当包含在我们的国学范围之中。在历史上，我们有佛经的翻译和研究，在现代，我们有西方学术名著的翻译和介绍，包括中国学者对外国文化、外国文学的翻译、介绍和研究，同样也是我们现代"国学"构成的有机成分。至于外国汉学家用汉文写成的研究中国文化的著作，正像中国学者用外国语言写成的研究中国文化或外国文化的学术著作，则是一种越际学术现象。这类文化现象就其"他者化"的特征不应包含在这种民族语言所构成的学术整体之内。一个外国学者对于中国文化的研究是对于"他者"的研究，不是或者不必是从推动中国文化发展的角度而做出的研究，所以它理应包含在本民族的文化、本民族的学术之中，但就其传播的角度，它同样首先参与了中国学术整体内部的交流，对我们的研究能够产生直接的影响，所以我们也可以将其包含在我们的"国学"之中；一个中国学者用外文写成的研究中国文化或外国文化的著作，由于直接参与的是外国学术的交流，它不应属于我们所说的"国学"范围，但它对中国文化的研究不具有"他者化"的特征而对于外国文化的研究则具有"他者化"的特征，是从中国学者的角度对中国文化和外国文化的研究，因而也可以视为中国学术的一个成果。特别是将其翻译为汉语之后，它就理应属于"国学"的范围了。从"国家"这个构成性因素来看，中华民族内部的各少数民族成员用汉语或用本民族的语言对本民族文化或对汉语言文化进行的所有研究，理应属于"国学"的范围，而境外同一民族用这种民族语言对本民族或对中国文化的翻译、介绍和研究，则不属于中国学术，不在我们所说的"国学"范围之中。例如，一个中华民族内部的回族知识分子对自己民族和汉民族文化的研究理应视为我们的"国学",而一个中亚国家的回族知识分子用本民族文字对自己民族或汉民族文化进行的研究,则不能视为我们的"国学"。

假若说过去的"国学"是一种纵向的构成方式,并且一旦构成就中断了它的命脉,"新国学"则是一种横向的构成方式,但这种横向构成的"国学"却同时是一个不断丰富和发展着的动态过程。过去我们仅仅将对19世纪以前中国文化的研究视为"国学",这就把"国学"的命脉变得越来越细弱、越来越狭窄了。试想,再过几个世纪,我们假若仍然仅仅将对19世纪以前中国文化的研究称为"国学",那时的"国学"在整个中国学术中的地位将如何呢?但当我们将"国学"理解为由民族语言和民族国家这两个构成因素构成的学术整体的时候,我们就会看到,"国学"从我们的民族语言和我们的民族国家产生之时起就若隐若现地出现了;此后,特别是在春秋战国之后就形成了一个连续流动的整体,蜿蜒至今,虽有变化,却无中断,只要我们的民族语言和民族国家还存在着并发展着,我们的"国学"也就不会停止自己的生命,也就永远处在丰富和发展的过程中。

在这里,我们还可以从动态的角度感受和思考"国学"的构成形式。作为中华民族学术整体的"国学",在纵向的流程中,永远以积淀与生成两种形式存在并发展着。"生成—积淀""积淀—生成",构成了一个民族文化同时也是民族学术的不间断的历史过程。语言本身就是传播的一种形式,文字语言则使一个文化成果可以按照生成时的原有面貌流传到后代,《论语》虽然与孔子弟子当时集录的原书会有某些不同,但从整体上传达的仍然是孔子当时的真实思想,使我们能够在几千年之后仍然可以直接了解、感受和理解孔子的思想学说。也就是说,它生成之后,假若没有特殊的原因,就积淀在民族学术的整体中,成为我们"国学"星系中的一个星球。与此同时,每一代知识分子在接受了此前学术成果之后,又会在自己感觉、感受和体验的基础上创造出各种不同的新的学术成果,它们假若没有特殊原因,也会积淀在我们的"国学"星系中。正是由于语言,特别是文字语言的这种流通性,使之在横向上可以跨越空间的界限,在纵向上可以跨越时间的界限,形成与人类本身不同的特征：人类本身没有长远的积淀性能，而人类的文化、学术则具有长远的积淀性能，并且在这个积淀过程中基本是越来越丰富的。孔子和鲁迅都没有活到现在，但他们的作品却仍然活跃在我们的社会上，我们国家的图书资料和文物收藏是越来越丰富的。一些文化保守论者只讲"旧"，只重"旧"；一些文化进化论者只讲"新"，只重"新"。实际上，文化的这种"生成—积淀""积淀—生成"的构成性特征，使我们永远无法离"新"谈"旧"，也无法离"旧"谈"新"。"新"若不包含"旧"，"新"就是一个易碎的薄片，它一经产生就会死亡。因为它一经产生，就不再是"新"的；"旧"若不包含"新"，"旧"就成为历史的垃圾，而不可能被一代代人反复阅读、感受、体验和理解。即使《老子》，在我们一代代人的眼里都是一个崭新的哲学体系，不学不知，不思不懂，而"学"和"思"则是把一种"新的"知识、"新的"思想纳入自己固有的"旧"的知识系统和文化心理的过程。在这个过程中，《老子》的哲学思想为"新"，我们固有的哲学思想观念为"旧"。

三十

在当前，有很多对中国现当代学术的反思和批评，但我认为，归宿感的危机和由此而来的自我意识形式的混乱则是影响中国学术继续发展的关键因素。

如前所述，中国现当代文化以及中国现当代学术是在西方文化影响下通过内部的裂变逐渐形成现在这个新的格局的，但这个裂变只是中国现当代文化以及中国现当代学术发展的一种历史形式，而不是它的根本内容。就其内容，不论这种裂变采取了多么激烈的形式，但仍然是中国文化以及中国学术内部的裂变，裂变的结果构成的仍然是中国文化和中国学术的整体。这正像宇宙的大爆炸，爆炸的结果是宇宙存在形式的变化，而不是宇宙本身的毁灭。它仍然是由中国文化以及中国学术的两个基本构成性因素构成的。中华民族的民族语言发生了变化，但它仍然是中华民族自己的独立语言，所有这些分化都是在民族语言基础上发生的。既然彼此使用的仍然是民族语言，彼此就仍然是可以沟通的，就是可以通过沟通而实现彼此的了解、同情和理解的。章太炎在文化上是"守旧的",鲁迅在文化上是"急进的",但这并不意味着彼此不能相互了解、理解和同情;辜鸿铭是旧文化的"卫道士",胡适是新文化的"马前卒",这也并不意味着两个人就没有相互了解、理解和同情的渠道。我们的国家内部也曾发生过大动荡、大分化、大革命,但中华民族始终还是一个独立的民族国家,没有沦为帝国主义的殖民地,国家各项事业的发展体现的仍然是中华民族自身的发展,其中的分化和分裂仍然是我们国家内部的各项事业以及各个事业内部的各个阶级、阶层和利益集团的愿望和要求的分化与分裂,它实现的是不同学术领域的分化和同一学术领域内部不同思想倾向、不同学术观点的产生。通过这种分化,形成的是一个更完整的现代学术格局。仅就这个学术格局而言,较之五四新文化运动之前,我们的学术队伍扩大了,我们的研究范围宽广了,我们的系科齐全了,与中华民族政治、经济、文化各项事业的联系更加紧密了。我认为,不论我们对中国现当代学术还有多少怨言和不满,这个基本的事实是不容抹杀的。

  但是,中国现当代文化以及中国现当代学术这种发展的历史形式本身也不是没有给我们留下隐忧。这个隐忧就是中国知识分子归宿感的危机和由此而来的自我意识形式的混乱。仅就这种分裂和分化的历史形式,它在各个学术领域和各个学术领域内部不同思想倾向、不同学术观点的形成过程中也形成了各不相同的价值标准,在分化的过程中,彼此重视的是各自独立的价值标准,只要这种分化、分裂的过程尚没有完成,彼此就不会重视将矛盾着的双方联系为一个整体的超越性价值标准的建立。而没有这样一个超越性的价值标准,彼此的分裂和彼此的对立就是绝对的,彼此意识到的就只是自我的价值和意义,而不是在一个更大的统一体中的自我和自我的对立面共享的价值和意义。假若说在统一体开始分裂时,双方还都能从原来的统一体中感受到彼此的联系,还能保留着在原有统一体内部存在着的超越性标准,而一旦当这种分裂和分化的过程已经基本完成,后来者便能够直接进入这些已经分化和分裂了的学术领域或学术派别,在这时,统一体的意识淡漠了,统一体内部存在的超越性价值标准模糊了,彼此的对立就成了绝对的对立。在一个多世纪的过程中，我们的文化包括我们的学术是分而又分的，各自有各自的价值标准，各自有各自的评价系统，假若没有一个超越性的价值标准，我们之间任何一点微小的差异就会导致我们之间的分裂，而一旦分裂就没有了一体的感觉。"中国文化—西方文化""旧文化—新文化""统治阶级文化—被统治阶级文化""民族意识—世界意识""群体意识—个性意识""国家意识—公民意识""雅文化—俗文化""唯心主义—唯物主义""客观—主观""人文主义—科学主义""复古主义—进化论""经济意识—道德意识""自由意识—法律意识""现代性—反现代性""民族化—全球化""本能—情感""意志—理智""史料的搜集与整理—观念的革新与理论的概括"等等，所有这些二元对立的文化框架和学术框架都几乎绝对地将我们分裂开来，彼此构成的不是互动的学术体系，而是相互歧视、压倒、颠覆、消灭的关系。甚至同是左翼内部的不同思想倾向，也成了势不两立的不同文化派别。当一个学术领域或一个学术派别不再努力了解、理解、包容对立面的合理性并思考和回答对立面向自己提出的质疑，这个学术领域或学术派别也就没有了继续发展的动力资源。古代的、西方的每一种文化倾向都在中国现代文化、中国现代学术中得到了传播，但又往往停留在立场和观点的层面上。自然我们是各个分离的，自然在任何层面上也感觉不到我们的一体性，感觉不到我们不仅是相互对立而同时是相互依存的，我们也就没有了自己的归宿感。我们这些从事着不同领域的学术研究、有着各不相同的思想倾向、追求着各不相同的目标、有着各不相同的价值观念和价值标准的中国知识分子，除了相互的迁就和敷衍之外，很难找到属于我们中国知识分子群体的同存共栖的归宿地。

　　实际上，我之所以认为"新国学"这个学术观念对于我们是至关重要的，就是因为，只有这样一个学术观念，可以成为我们中国知识分子文化的、学术的和精神的归宿。因为只有在这样一个学术观念中，我们才能发现和认识自己的存在价值和意义，也能发现和认识与我们从事不同领域的学术研究活动或具有不同思想倾向、不同学术传统的中国知识分子的存在价值和意义。在这里，我们彼此之间不但没有势不两立的敌对关系，而且是有机融合为一体的。我认为，它就是我们中国学术的

"新国学"论纲（下）

"道"体。在过去，我们有的学者将自己的研究成果直接纳入到西方文化（实际上是西方一个特定民族的特定文化派别）中意识其意义和价值，有的学者将自己的研究成果直接纳入到中国古代文化（实际上是中国古代的一个思想学说）中意识其意义和价值，有的学者将自己的研究成果直接纳入到国家的政治实践中意识其意义和价值，有的学者将自己的研究成果直接纳入到弱势群体的物质利益中意识其意义和价值……实际上这些意识形式都带有一种虚幻性，是一种颠倒了的价值评价形式。一个中国马克思主义者的著作首先不是写给外国马克思主义者阅读的，一个中国新人文主义者的著作不是写给西方新人文主义者阅读的，现代新儒家学派的著作不是写给古代旧儒家知识分子阅读的，一部中国知识分子的政治学著作不是直接写给政治领袖阅读的，而大量弱势集团的社会成员则是不阅读学术著作的。它们的价值和意义只能通过他们在中国现代文化环境和学术环境中所发挥的实际影响作用才能切实而有力地感觉得到。而"新国学"就是我们意识中的这样一个学术整体。一个我们在其中可以获得价值和意义感觉的"道"体。

在这里，我们不能不重新思考人类以及一个民族的学术本身存在的价值和意义的问题。在过去，我们主要把一个历史时期的学术成果视为这个历史时期的文化标志，实际上，这种直接的标志作用并不是最重要的。学术的真正价值和意义在于它是人类以及一个民族实现自我再生产的主要方式之一。每一个时代的人都是从无知蒙昧状态重新开始自己的人生的，都不是生而知之的，都不是仅仅依靠个体的直接经验在纯粹自然的状态中就能够获得充分的成长和发展的。每一个时代的每一个人都要有一个成长的过程，都要在这个成长的过程中重新获得自我生存和发展的知识技能和人生经验，重新塑造自己并建构自己的物质世界和精神世界。"在游泳中学会游泳"是一种再生产的方式。但这种依靠直接实践的方式永远使人走在自己实际人生的后面，使人经历了困难才取得了克服困难的经验和能力，吃过李子才知道李子的滋味。而人要走在自己人生的前面，就需要在没有面临实际的困难之前掌握尽可能多的知识、技能，取得尽可能多的人生经验，并在这个过程中提高自己的认识能力和理性思维能力。对于一个人是这样，对于一个民族和整个人类也是这样。我们永远不可能完全地做到这一点，但它却是我们不断追求着的一个目标。正是在这个过程中，人类以及一个民族的文化和学术才能发挥为任何其他事业都无法代替的独立作用。只要认识到人类以及一个民族的学术的这种价值和意义，我们可以发现，所有那些在学术领域看来尖锐对立的学术领域、思想倾向、学术派别和学术成果，只要在学术的意义上是成立的（用中国固有的话来说，就是"言之成理、持之有故"），在人类以及一个民族的学术整体中就是浑然成为一体的。这里的道理并不难以理解，世界是复杂的，社会是复杂的，人生是复杂的，人的自身是复杂的，任何一种单独的知识技能或思想学说都不能确保人的安全和幸福，也不能确保人类或一个民族的存在和发展。人类以及一个民族是由各种不同的才能、各种不同的喜好和追求、各种不同的习惯和性格、各种不同的政治地位和经济地位、各种不同的环境条件和人生际遇的人共同构成的。并且所有这些都在时时发生着各种不同形式的变化。知识分子的各种努力、各种形式的思考和研究，都在这个人类或民族的再造工程中相遇，并且消融了自己的差别，正像孔子和墨子、老子和韩非子、陶渊明和杜甫、鲁迅和胡适的著作，以及费尔巴哈和黑格尔的著作的译本同时出现在国家图书馆中一样，中国知识分子的各种不同的研究活动和研究成果在"新国学"中也是同存共栖的。

各不相同的学术领域、思想倾向、学术派别和学术成果为什么在我们称之为"新国学"的这个学术整体中能够消融彼此的差别和对立呢？因为一当将它们置入到这样一个学术整体之中，它们寻找的就是自己发挥作用的独立空间。空间消融了它们的对立，也发挥了它们的作用。一个英国学者在谈到保守和革新的关系时说："习俗制度所服务的目的是社会保守。保守某事是使它大体不变。社会保守就是大体维持一个共同体的生活方式以其既有的形式不加改变。习俗通过保持社会场合下的行为方式而有助于社会保守。没有一个社会能够敢于忽视社会保守。当变化在进行时，只有至少大体维持部分的社会生活方式以其既有形式不变，一个社会才能吸收变化。依陀思妥耶夫斯基之见，'人类是一种能够习惯于任何事物的动物'。不过，习惯于某些事物，这是需要时间的。假若每一种事物都变幻不定，那么，一切就会面目莫辨，过去的经验全无用处，人们将不知所措。习惯于变化需要时间，这为革命政府在短期内能够贯彻和推行的事物设立了限度。"①保守与革新、保守与革命，在鸦片战争之后的中国历史上，向来是势不两立的两种思想潮流，但假若纳入到我们民族文化、民族学术的整体中，亦即纳入到"新国学"这个"道"体中，这两种思想潮流的对立实际是没有我们想象得那么严重的，保守主义能够发挥实际作用的永远是那些尚不具备充足变化条件的社会领域和社会阶层，而那些已经具有充足变化条件的社会领域和社会阶层，则最易接受革新乃至革命的思想和理论。它们发挥作用的空间不同，其直接对立的性质就被消解了。对立的性质虽然消解了，却没有消解它们各自的社会作用。与现实世界有着直接联系的思想学说是这样，与精神世界相联系的思想学说就更是这样。宗教是在信奉宗教的信徒中发挥实际影响作用的，科学是在各项研究活动中发挥实际影响作用的。在其理论形式上，二者是对立的，在其社会表现上，彼此是共存的。前者不是"一分为二"，后者也不是"合二而一"，因为这里还有一个空间关系的问题。

三十一

不同的学术领域、不同的思想倾向、不同的学术派别、不同的学术成果在"新国学"这个民族学术的整体中泯灭了彼此的差别，成了一个浑融的整体，但这绝不意味着我们每一个知识分子及其学术的研究活动是没有任何独立的价值和意义的，也绝不意味着知识分子之间就没有必要进行任何形式的学术争论。在这里，存在的是人类以及一个民族学术存在与发展的基本形式和途径问题。

毫无疑义，学术是建立在人类以及一个民族的生活常识基础之上的，没有常识，人类以及一个民族无法生活，其学术也无由产生，但人类以及一个民族却无法仅仅依靠常识生活。常识不需要人的思考，因而

---

① A. J. M. 米尔恩：《人的权力与人的多样性——人权哲学》，夏勇、张志铭译，中国大百科全书出版社，1995，第138—139页。

也不是可靠的知识。"常识在某种程度上不是概括化的和系统的知识，像高度发达的科学的概念框架那样，所以它不是可靠的知识，或者如同我们可以稍微更专业性地评价的那样，它不是确定的知识。就是说，相对而论，常识不知道在哪些确定的条件下它关于事实和关于事实与事实之间关系的断言实际上会发生。当这些未知的条件变化时，事实将发生变化，而没有对这些条件有确定理解的常识则对进一步的行动给不出令人满意的指南。常识之不可靠性，常识在面对它不能描述的、条件发生变化时的矛盾性，或许在常识之言论和格言中大量的不一致和矛盾之中最有可能看到。常识总是而且依然是无数谬误、欺骗和误解之集合体的继承者。"①在这样一个意义上，学术就是向常识挑战，就是要对常识进行证伪，就是要改变社会或者社会上一部分人对一些事物的固有看法。它可以小到一个词语的解释，也可以大到一种世界观和人生观，但只要是学术研究，就必须穿透社会常识的覆盖层，将人的认识推进到一个新的境界中去。正是在这种证伪的过程中，学术研究才把固有的常识和获得的新知组织在一个统一的系统中，使固有的常识和新的知识都处在特定的关系中，从而也使它们成为确定而可靠的知识。我们经常说，学术要创新，要有独立见解，要发现新问题，要获得新知识，不因袭前人，不人云亦云，实际上，这都意味着要超越俗见，挑战常识，改变人们对事物的固有看法。在这里，我们既可以感受到学术在人类以及一个民族文化中的独立性，也能发现知识分子在现实社会中所常常体验到的孤独感和无力感。不论一个民族的知识分子如何努力理解广大的社会群众并为广大社会群众服务，但知识分子在现实社会上仍然经常处于孤独无依的状态。越是那些与现实社会和现实社会思想关系密切的领域，越是经常会遇到社会普遍的冷落、歧视乃至抵制与反对。这是由学术研究与社会常识之间的矛盾对立关系所决定的。大多数的社会群众是生活在常识之中的人，是依靠常识联系在一起的，一个人在哪些方面违背了常识，就在哪些方面被孤立了起来。常识是可以改变的，但常识的改变需要一个过程，需要一段时间，而知识分子往往就是首先背离生活常识的人，

---

① 巴伯：《科学与社会秩序》，顾昕等译，生活·读书·新知三联书店，1991，第23页。

并且这种背离就是他的职责、他的使命,是他不能拒绝也无法拒绝的一种命运。在这个过程中,知识分子经历的常常是不被理解的苦痛,至少在他的内心体验中是如此。"昔西伯拘羑里,演《周易》;孔子厄陈蔡,作《春秋》;屈原放逐,著《离骚》;左丘失明,厥有《国语》;孙子膑脚,而论兵法;不韦迁蜀,世传《吕览》;韩非囚秦,《说难》《孤愤》;《诗》三百篇,大抵贤圣发愤之所为作也。此人皆意有所郁结,不得通其道也,故述往事,思来者。"①在这里,司马迁既列举了历史上那些文化先行者的不幸遭遇,也表达了自己内心的孤独体验。即使那些自然科学家,像哥白尼、伽利略、布鲁诺,也都经历过不被社会所了解的苦闷。但人类以及一个民族认识能力的提高,理性精神的加强,思维能力的发展,仍然是离不开这些知识分子的。正是他们,随着社会历史的发展,不断向社会实践领域提供着新的常识,并使普通社会群众更能适应变化发展了的社会生活。

学术活动要挑战常识,但却无法直接与常识对立。这里的道理是非常简单的,因为常识本身并不是确定的知识,它带有很大的随意性。与随意性对立的命题同样也是随意性的,同样也无法成为确定的知识。学术研究向社会常识的挑战,常常是通过反思在当时社会上影响最大的一种或数种思想学说或文化传统进行的。常识,不是无根之木。在开始,它们是人类或一个民族认识世界、社会和人类自身的结果,是在特定的知识系统中具有确定内涵和外延的某种经验和认识。但它一经转化为常识,就脱离开了产生它的知识系统,成为不需思考就可以直接加以运用的常识,也就带上了随意性和不确定性的特征。儒家文化是一个知识体系,儒家文化是通过向当时混乱了的社会秩序以及在这种混乱的社会秩序中形成的一系列常识性认识的挑战而具体地建构起来的。在儒家文化的知识体系里,"忠""孝""节""义""仁""义""礼""智""信""忠恕""中庸"等大量概念都是有确定的含义的,都是在彼此紧密的联系中获得了可靠性的,但当这个学说在中国古代社会上广泛传播

---

① 司马迁:《史记·太史公自序》,载《二十五史》第1卷,上海古籍出版社、上海书店,1986,第359页。

开来，它的这一系列概念再也不是作为一个完整的体系被世人接受和运用的，而是作为散乱的常识活跃在各种不同的人和各种不同的语境之中的，其随意性就大大加强了。当一个专制帝王和一个愚懦小民同时将它们用为褒义词的时候，它们的含义就是模糊不清的了。不论从主观动机还是从实际效果，五四新文化运动所要反对的都不是两千多年之前的孔子及其思想主张，而是当时社会上流行的陈旧而又没有实际意义的观念和思想，但它要使自己的批判带有整体性和确定性，就必须通过对儒家文化这个具有系统性和确定性的思想传统的反思和批判。学术是为了挑战常识、探求新知、改变人们的传统观念和认识，但学术的发展则常常表现为后一代知识分子对前一代知识分子的修正、批判乃至否定。学术发展的历史事实告诉我们，后一代知识分子若不通过对前一代知识分子的批判、否定、批评、修正或补充，后一代知识分子就无法建构自己的学术，甚至也无法创造新的学术成果。而假若他们不能建构自己的学术、创造新的学术成果，前人的经验和知识在他们这里也就只能是一些散乱的常识，一些不可靠的知识。不论是西方的文艺复兴，还是中国的五四新文化运动，都是通过反思、反叛传统而建构起自己的文化传统和学术传统的。它其实是一种文化发展和学术发展的形式。

如前所说，我们的超越永远是在某些常识基础上的超越。学术重史料，重证据，而所有这些原来都是普通常识。当它们已经被有效地组织进一个学术整体之中，它们的意义和价值就有了确定性和可靠性，它们就成了我们所说的某个学科或某种思想学说的基础知识，而在它们尚未被有效地组织进这个学术整体之中的时候，它们的意义和价值还没有自己的确定性和可靠性，它们就仍然是一些常识。但学术永远不能停留在这些尽人皆知的史料基础之上，你或者通过这些尽人皆知的事实推论出新的事实，或者要在这些历史资料的联系中做出抽象的理论概括。但是，学术自然是向常识的挑战，是对常识的超越，所以任何的学术研究都不可能以所有的常识为基础。我们看到，不同专业的知识系统都是以不同的常识为基础的，即使在同一专业领域，或者由于研究的问题和对象的不同，或者因为研究者所要追求的社会目标、学术目标的不同，或者兼而有之，其知识系统是各不相同的，构成它们概念框架所需的社会常识也各不相同。经济学家作为基础知识而运用的社会常识，可能正是道德家所要推翻或要超越的；政治学家作为前提而肯定的，文学家可能作为谬误而否定。同是经济学家，从不同角度建构起的经济理论也各不相同。同是"人"，有的被作为工具，有的被作为目的；有的被作为道德主体，有的被作为娱乐主体；有的被视为情感载体，有的被视为理性载体；有的重视其本能的需要，有的重视其精神的需要。这就使同样一个时代的学术乃至同样一个人的不同学术成果都各不相同。但是，没有这种分离，就没有我们的学术研究。人类以及一个民族的学术向来是以差异的形式而存在的。没有差异，就没有学术。在社会实践的领域，我们经常说要求同存异，但在学术领域，我们向来是存同求异的。"异"，也不是常识之"异"，也不是"你说向东我向西、你说向西我向东"那种随意的、不负责任的对立，而是在不同概念框架之上建立起来的不同的知识体系。这样的"异"，不通过相互的辩驳、诘难、争论或讨论，几乎是不可能丰富起来、严密起来和发展起来的。即使一篇硕士或博士论文，也要有一个答辩会，也要回答答辩委员从各种不同角度提出的各种形式的质疑。也就是说，学术是不能调和的，只有通过不断的学术争鸣，学术才能生成，才能繁荣和发展。

　　总之，人类以及一个民族的学术都是以差异的形式而存在的，不但学术要穿透在社会实践领域起着连通作用的常识网络的覆盖，"遗世而独立"；不但新生代的学术要冲破前辈学术的束缚重新建构自己的知识体系，"不落前人窠臼"，即使同时代的不同领域、不同倾向、不同派别、不同人乃至不同学术成果之间也要独树一帜，"存同而求异"。学术争鸣不但是不可避免的，而且是学术发展的必要条件。在"新国学"这个民族学术的整体中，自古至今，所有的学术成果都是浑成一体的，都是没有直接对立的性质和不可克服的矛盾关系的，但要成为一种学术、一个学术成果、成为这个学术整体中的一个构成要素，则必须是彼此有差异、有矛盾、有冲突。因袭的、模仿的、抄袭的，不成其为学术，也无法进入人类以及一个民族的学术整体，无法进入我们所说的"新国学"这个中华民族的学术"道"体。

　　在这里，也就有了一个从事学术研究活动的中国知识分子如何意识自我和自我研究活动的意义和价值的问题。

三十二

　　学术首先是一种参与。"参与什么"以及"怎样参与"实际上是所有研究活动不能不面对的两个重要问题。"参与什么"，就是在哪里发挥自己学术活动的作用以及在哪里获得自己学术活动的意义和价值感觉的问题，假若你在参与的整体中根本无法发挥自己的作用并获得自己学术活动的价值和意义的感觉，你就不知道怎样建构自己的知识体系，你也不知道自己能够研究什么以及怎样进行研究。你在自己的研究活动中也根本感觉不到自己的乐趣，从自己内部找不到支持自己研究活动的精神支柱。"怎样参与"实际是怎样在自己参与的学术整体中相对明确地意识自己和他人的关系的问题，在其中也包括与过去的文化遗产和进入自己所参与的学术整体的外来文化（翻译文化）的关系的问题，当然更有与自己同时代人的学术活动和学术成果的关系问题。

　　在"参与什么"的问题上，我们在中国现当代学术中可以见到下列三种不同的情况：

（一）参与世界某种思潮并以这种思潮自身的价值和意义意识自我学术活动的价值和意义

　　这种直接参与世界某种思潮的意识带有一种世界主义的色彩，在西化派知识分子中有着广泛的影响。这种参与意识的问题在于，一个中国的知识分子与西方的传教士是有严格的区别的：西方的一个真诚的传教士是首先有了自己的宗教信仰、为了实现自己的信仰而到世界各地传播基督福音的。他从自己的信仰中能够清晰地意识到自己活动的价值和意义，也能够用这种信仰支撑自己的传教活动，并在实际的传教活动中具体感受、了解、认识和理解所到国家的文化，积累起仅仅属于自己的经验和认识，做出他所服务的教会组织能够认可的实际贡献。但一个中国的知识分子却与此不同，他接受的是在一个不同语境中生成、发展并在那里有了比较广泛影响的一种思想学说。这种思想学说不论具体的表现形式如何，都是天生与西方整个的文化体系融为一体的。假若它与中国固有文化传统中的某个思想学说没有本质的区别，中国知识分子大可不必以它为自己的思想旗帜；假若中国固有文化传统没有它的替代品，中国知识分子就是在它对中国文化以及中国学术的意义上翻译、介绍和提倡它的，参与的就是中国文化和中国学术的建设与发展，自我的意义和价值就不是在这种思想学说本身发现出来的，而是在对中国文化和中国学术发展的关切中意识到的。在这时，西方某种思想学说对于中国知识分子只是一个思考和研究的对象，是纳入到他固有文化心理结构并构成了他的独立思想的一种新的因素。不是西方某种思想学说能够包容他的思想，而是他的思想能够包容西方这种思想。在这种情况下，西方这种思想学说就不是一个标准，既不能直接标榜自己，也无法直接评价别人，而只是感到中国人应当了解、同情并理解这种思想学说，以提高和发展自己的认知能力。中国知识分子致力的目标不是以这种思想学说排斥和攻击任何别的中国人，而是要开凿了解和理解这种思想学说的思想通道，并在这种沟通工程中理解自己存在的价值和意义。但我们在中国现当代文化史上所看到的，却常常是另外一种现象。某些知识分子接受西方某种思想学说之后就以这种思想学说在中国的代言人自居，不仅用它标榜自己，同时还用它攻击别人。只要从学术的意义上看待这种自我意识的方式，我们就会很容易地发现，它在三个不同的关系中都没有加入自己的独立思考，都没有经过自己的认真研究：对西方某种思想学说没有独立的研究，对自己没有认真的反思，对别人或别人的思想缺乏足够的理解和同情，并且干涉了别人的思想自由。假如说他们还是对中国文化以及中国学术做出了自己的贡献，那就是他们对这种思想学说的翻译和介绍。但这种贡献仍然在于它参与了中国文化和中国学术自身的建设。整个20世纪的中国，几乎成了西方各种"主义"的大战场，这是开放过程中不可避免的现象，但却不是一个正常的现象。

（二）参与社会实践，并在社会实践的成败中意识自己学术活动的价值和意义

从包括精神、思想、观念、意识发展在内的广义实践的角度，学术与实践是相呼应、相连接的，学术所研究的，也正是人类以及一个民族所实际需要的。同样一个研究过程，也常常包括社会实践的内容。更重要的是，一个研究者之所以选择某个研究领域的某个课题，往往是从实践需要的角度出发的。但是，我们仍然不能将学术与具体的社会实践等同起来。学术研究，是在一个相对纯化了的概念框架中进行的，充其量只是揭示了一种可能性，并在这个过程中思考了平时人们不太重视思考的问题。儒家文化不言刑、不言利、不言命，主要从伦理道德的角度讲人与人的关系，而在现实实践中则是无论如何也无法避开这些因素的，但也正是因为如此，它把伦理道德的社会作用充分地显示出来，并为中国古代社会提供了一个行之有效的伦理道德体系。法家则否认人与人之间的情感关系，仅仅从利益关系看待人类社会以及社会的政治治理。社会实践则无法完全提纯为一个严密的结构，它充满了各种变数和偶然性。实践者从来不是仅仅依靠一种思想学说而取得成功的，毛泽东不仅仅懂得马克思主义，鲁迅不仅仅懂得文艺学，原子弹的制造者也不仅仅依靠原子物理学的知识。实践重视的是成功，学术重视的是合理，而在人类社会上，合理的未必成功，成功的也未必合理。二者是没有直接单纯的对应关系的。所以，学术首先参与的仍然是学术，哲学首先参与的仍然是哲学，实践者是在相关的各种学术研究成果的基础上进入社会实践活动的。这种理论与实践直接挂钩的方式还有一个严重的弊病，即用各种不同的社会实践分化了学术，分化了知识分子，破坏了学术研究格局的完整性，并会反过来造成社会实践的失败。当我们将社会实践的胜利仅仅归结于一种思想学说的胜利的时候，其他的思想学说就都成了有害无益的干扰因素。少部分知识分子被从广大知识分子之中孤立出来，受到了超常的重视，而大部分知识分子则受到了不应有的歧视甚至迫害。与此同时，这种意识学术的价值和意义的形式，实际上把裁断学术的权力转移到了学术关系之外的实践领域，知识分子从自己研究活动的本身所意识到的价值和意义不再具有主体性，也无法成为其不断探索的精神驱动力。而像老子哲学、康德哲学这类抽象概括力更强的学术研究，则根本无法用社会实践的标准进行检验。这就将大量青年学者误导到少量在社会实践中受到重视的系科，破坏了整个民族学术体系的完整性，而当这个体系受到严重的破坏之后，又将严重影响各项社会实践活动的进行。总之，学术首先参与的是学术，是在学术关系中意识其价值和意义的，即使学术与社会实践有直接的联系，那也是整体与整体的联系，任何一个独立的学术研究成果都不可能单独地支撑一个独立的实践过程。学术与社会实践的联系是学术首先进入实践者的认识层次，并与实践者固有的所有认识结合在一起，构成实践者整体的认识能力并与他的欲望、情感、意志、习惯等主体因素结合在一起，在他所处的环境条件下发挥其有形与无形的作用。任何将社会实践完全地纳入到一个单一的学术研究成果的企图，不论这个学术成果自身多么伟大，都将导致实践的失败。

（三）参与民族学术整体，在民族学术整体的复杂关系中意识自我学术研究活动的价值和意义

实际上，任何一个有价值的学术成果，都在无意识中参与了民族学术整体的联系，但整体性的意识必须依靠一个综合性的概念才能明确地建立起来和保持下去，没有一个综合性的概念，就没有一个较为明确的整体性意识。对亚洲的整体性意识是有了"亚洲"这个整体性的概念之后才明确地建立起来的，没有这个概念，我们看到的就只是一些各不相同甚至矛盾重重的国家，并且是没有边际感的，无法与欧洲的国家区别开来。学术也是这样。"国学"这个概念就是作为中国学术的整体建立起来的，在当时，很多学者是在"国学"这个学术概念中感到了自己学术研究的价值和意义的，并且这种价值和意义的感觉支撑了他们的学术研究。像章太炎、王国维、黄侃、陈寅恪、钱穆这样一些国学大师的学术研究，尽管我们可以对之进行各种不同的批评乃至批判，但他们在学术研究中所表现出的执着和坚韧，则是我们这些后辈学者所远远不及的。但是，当时的"国学"是在提倡者没有充分估计到西方文化对中国文化和中国学术所能够起到的正面推动作用而更多地担心着它的负面作用的时候提出来的，因而带有提倡者明显的排外主义色彩。五四新文化运动是在与"国学派"的对立趋势中发展起来的，但也正是因为如此，当五四新文化运动取得了初步的胜利，新文化阵营的知识分子便发生了严重的分化，分化之后的他们实际上已经没有一个共同的精神家园。他们有一种被中国文化和中国学术所放逐的感觉，带有明显的精神流浪者的特征。我们看到，除了鲁迅未曾将自己完全纳入到西方某个思想学说的范式之中去，更多的新派知识分子是把自己的精神寄养于西方某种思想学说的，因而也把西方一种思想学说的价值和意义视为自己的价值和意义，把西方一种思想学说的价值标准作为自己判断中国人和中国事物的基本标准。这使他们不仅从中国广大社会群众之中孤立了出来，同时也从广大中下层知识分子之中孤立了出来。而在内忧外患的中国，现实实践的问题不论对于国家的整体发展还是对于广大社会群众政治、经济地位的要求都有着更迫切的性质。从30年代起，从现实实践的角度衡量中国文化、中国学术和中国知识分子的价值和意义就成了广大中下层知识分子的一个重要的思想特征，但从学术发展的自身要求出发，它则并不是完全合理的。很多的学科在直接的社会实践中是永远找不到自己的位置的，但它在人类以及一个民族的学术发展中则是不可或缺的。1949年之后中国知识分子的严重分裂，固然与国家的知识分子政策有很大关系，但与中国知识分子的这种自我意识的形式也有莫大关系。当大多数中国知识分子都把自己研究活动的价值和意义单独地纳入到学术关系之外的社会实践领域去裁断的时候，中国知识分子之间的有机联系就被瓦解了。从本质上讲，每一个用汉语写作、在中华民族各项社会事业中从事学术研究的中国知识分子，没有一个人是不希望中国学术事业的繁荣昌盛的，但我们却没有任何一个学术概念能够把这样一些中国知识分子都联系在一起，致使很多知识分子不得不到这样一个整体之外的地方去寻找自我的精神栖息地。"文化大革命"结束之后，"国学"这个概念重新出现在中国内地的学术界，甚至有人也开始使用"新国学"这个名称，但它仍然主要指对中国古代文化的研究，体现的不是中国学术的整体，并且仍然带有排外主义的色彩。我认为，经过一个多世纪的分化发展，从外部形式上已经具有了完整性的中华民族学术，需要在精神上也有一个整体的感觉，有一种凝聚力。"国学"这个曾有的概念就变得十分重要起来。"新国学"也是"国学"，只不过应当与原来理解中的"国学"有所不同。

在这样一个意义上，用汉语写作、在中华民族各项社会事业中从事各种不同的学术研究的中国知识分子的文化参与，首先参与的应当是"新国学"这个学术整体，因为只有在这个整体中，我们才能相对明确地意识到从古至今中国知识分子所有学术活动与学术成果的真正价值和意义。在这样一个整体中无法获得自己存在的价值和意义，同时也无法获得在世界范围中的价值和意义，而只要在这个范围中获得了自己存在的价值和意义，同时也获得了在世界范围中的价值和意义，因为中国也是世界的一个部分，并且还是一个很大的部分。

三十三

我们都是以个体的形式参与"新国学"这个学术整体的，我们能不能实际地参与到这个整体中去，则是一个"怎样参与"的问题。

人类以及一个民族是由多个事业构成的，一个人也是由多种欲望、要求和才能构成的。学术只是其中的一项事业，仅就这个事业本身，它不比任何事业更卑贱，但也不比任何其他事业更高贵。中国是一个有着悠久文化传统的国家，但又是一个文化发展缓慢的国家。在中国古代社会，能够接受学校教育的是极少数，这极少数知识分子大都进入官僚阶层，具有比普通社会群众更高的政治地位和经济地位。而以"经、史、子、集"为主体的文化，都是学术性的。直到现在，有些中国知识分子在自觉与不自觉间就会自视过高，将自己的职业置于其他社会事业之上，也将知识分子置于其他社会成员之上。但是，中国现当代文化教育事业的发展早就将知识分子从政治、经济两项社会事业中分离出来，从事学术研究的多数知识分子不再同时是政治权力和经济权力的拥有者，这在政治、经济相对落后，广大社会群众更关心的是社会的政治治理和经济发展的现实条件下，从废除科举制度和五四新文化运动开始，中国知识分子的社会地位就一直处在急遽下降的状态中，直至60年代末的"文化大革命"，几乎跌到了历史的低谷。这使另一些知识分子又有一种自卑自贱的倾向，认为学术天生就是屈从于社会实践的，知识分子天生就是屈从于政治、经济权力的。但在"文化大革命"之后，中国学术又一次走出了低谷，有了重新发展的机遇。这说明，一个民族的学术没有战胜一切的力量，但也有被任何力量所无法完全战胜的力量。学术，永远是人类以及一个民族众多事业中的一项事业。自视过高，往往对知识分子同行也缺少应有的理解和同情，将自己封闭在狭小的空间中，建立不起与广大知识分子休戚相关的感觉。自视太低，则往往"身在曹营心在汉"，建立不起对本民族学术事业的热情和责任意识，其"学术"也只是虚应的故事。这两种倾向，都使我们各个分离，无法有机地融为一个整体。

　　自然学术只是人类以及一个民族多个事业中的一项事业，这里就有一个自由选择的问题。我们可以选择学术事业，也可以不选择学术事业。也就是说，"怎样参与"的首要原则是"自由地参与"而不是"不自由地参与"。我们经常听到关于知识分子应该怎样和不应该怎样的议论，实际上，离开学术本身的要求而谈论知识分子的问题，常常是对知识分子个人自由权利的侵犯。在学术这个职业的特定要求之外，知识分子等同一个公民，他应该尽一个公民应尽的一切义务，也应该享受一个公民应该享受的一切自由权利。在"公民"这个层面上，中国知识分子和本民族所有公民是一律平等的，并且共同构成中华民族这个民族共同体。

　　学术之所以与人类以及一个民族的其他社会事业有所不同，就是因为它在人类以及一个民族之中，具有为其他社会事业所没有的独立力量，也能发挥为其他社会事业所无法发挥的独立作用。民族学术的力量源泉何在呢？我认为，就在于这个民族的语言，以及与这个民族的语言联系在一起的这个民族的知识体系，以及与这个民族的知识体系联系在一起的这个民族的思想体系以及认知能力体系。

　　各个不同的社会实践领域也需要语言、也需要知识和思想，但实践活动的主导因素是行动，而不是语言。在实践的过程中，语言是被行动的目的所控制、所利用的。只有从事文学艺术和学术研究的知识分子，担负的才真正是发展民族语言的任务，是通过掌握语言、运用语言不断积累知识和思想、不断生产知识和思想的任务。在政治关系、军事关系、经济关系以及普通社会群众的日常生活关系中，一句话，在所有存

"新国学"论纲(下)

在直接利害关系的领域,都充斥着大量策略行为,而语言就是策略行为中的一种。这里的语言与其说是丰富多彩的,不如说是五花八门的。在两军对垒的过程中,在两派政治势力的较量中,在不同企业的彼此竞争中,甚至在普通社会群众的日常交往中,都不可能随时将自己真实的思想感情和行动计划公布于众,其语言是远离语言本质的。语言的本质职能是实现人与人情感和思想的沟通,一个民族的语言的本质职能则是实现这个民族成员之间的情感和思想的沟通,而要实现这种沟通,首要的条件是发话者表达的是此时此刻自己真实的思想和感情。也就是说,语言符号自身的意义同它要传达的意义是高度统一的。但在所有的语言策略中,语言起到的都不再是沟通的作用,而是将发话者的真实意图掩盖起来不令人知乃至造成对方错觉的作用。可以想见,假若人类以及一个民族仅仅存在着各种不同社会实践领域的语言,这个民族的语言不是逐渐干瘪下去,就是逐渐异化为"非语言"或"反语言",真真假假,假假真真,使人极难做出正确的解读。而只有文学艺术和学术研究才在语言的本质职能的意义上使用语言、丰富语言,并创造新的富有生命活力的语言。它之所以能够如此,就是因为它是独立于具体社会实践之外的一个民族语言的世界、民族知识的世界和民族思想的世界。学术追求的是知识的系统性和完整性,是思想的系统性和完整性。一个政治学家不是为了自己去夺取政治权力而从事政治理论的研究,而是完善自己以及自己的读者对政治的理解和认识;一个经济学家不是为了自己赚取更多的利润,而是完善自己以及自己的读者对经济的理解和认识。他们都不必隐晦自己此时此刻的真实的思想和认识,并且会尽量全面而且深刻地阐释自己的思想和观点。一个民族的知识就在这样一个超越于现实实践的层面上被充分地发掘出来,构成大大小小的各种知识体系,一个民族的整个知识体系又是在这大大小小的知识体系的基础上构建起来的,而这种构建过程又是发现新知识、建构新思想、发展民族认知能力的过程。秦始皇是一个杰出的军事家和政治家,但他对民族语言、民族知识、民族思想的贡献却是负面的(他的"焚书坑儒"是毁灭语言、知识和思想的行为)。司马迁不是一个伟大的军事家和政治家,但在他的《史记》中却有着更加丰富的政治、军事知识和更加深刻的政治、军事思想。民族语言、民族知识、民族思想是通过像司马迁的《史记》这样的学术著作逐渐积累、丰富和发展起来的，而不是仅仅通过秦始皇这样的政治家和军事家的现实实践逐渐积累、丰富和发展起来的。

用民族语言的力量参与民族语言的交流，用民族知识的力量参与民族知识的交流，用民族思想的力量参与民族思想的交流，我认为，这是每一个个体知识分子参与我们称之为"新国学"这个民族学术整体的唯一途径和方式。作为一个人，知识分子同样是生活在各种实践活动之中的，在所有这些实践活动中，每一个知识分子都有在公民自由权利的范围内运用政治、经济的手段战胜对方、实现个人目的的权利，但这还不是学术。在学术的领域、知识的领域、思想的领域，任何政治、经济权力的引进都不但不利于其他知识分子学术研究的进行，同时也堵塞了自己学术发展的道路。当我们不想用民族语言的力量争取别人的理解和同情的时候，民族语言的内在潜力在我们这里就不可能得到真正的发挥了；当我们不想用民族知识的力量取得别人的信任的时候，民族知识的内在潜力在我们这里就不可能得到真正的挖掘了，当我们不想用民族思想的力量实现与其他社会成员的思想沟通的时候，民族思想的内在潜力在我们这里就不可能得到真正的表现了。中华民族几千年的文化历史，再加上现当代中国知识分子对外国文化的介绍和翻译，我们民族文化内部的潜力应该是无比丰富和强大的，关键的问题应该是我们有没有人去挖掘它、发挥它、表现它，并不断创造新的语言、知识和思想。我们经常说学术的独立性，并常常把学术的独立性理解为不研究政治、经济等现实的敏感问题，实际上，学术的独立性就是用学术的力量争取学术的发展。任何的世界都有自己最基本的规则，而不用非学术的手段争取学术的胜利则是学术世界的基本规则。有了这个规则，我们之间不论充满多少分歧和矛盾，这个世界仍然是一个独立的世界，中国的学术仍然是一个学术整体，像先秦诸子的百家争鸣，像五四新文化运动时期"新文化"与"旧文化"的论战，都不会构成对中华民族学术事业的根本破坏。与此相反，运用政治权力发动的全国性的"文化大革命"，却没有带来文化的繁荣，而是带来了文化的大破坏。

当代知识分子职业化了，学术也成了知识分子的一种谋生手段。绝对地否认它是一种谋生手段是不现实的，也是不合理的，但是，作为一种谋生手段的学术还应当是学术，而学术就不能仅仅是一种谋生手段。必须指出，"学术"从来不是纯粹个人的行为，它不仅仅指掌握了某个领域的某些知识的知识分子个人，同时也指这些知识在社会上的接受、传播、运用及其发展和演变，所以，"人"并不是学术的本体，"文本"才是它的本体。假如韩非子仅仅用他的思想和才能帮助一个诸侯国王完成了霸业，他的思想和才能还构不成我们民族的一种"学术"，而只有他将自己的思考用本民族的语言充分地表达出来，使他的思想和才能能够通过民族的语言在社会上得到广泛的传播，并构成其他社会成员重构自己思想的基础知识，它才称得上是我们民族的一种"学术"。仅仅将"学术"作为一种谋生的手段，一个人的"知识"不是转化为"学术"，而是像祖传秘方一样直接进入社会实践的领域，并在实践领域仅仅突出了个人的作用。它有时也以"文本"的形式出现，但这种文本往往不是启发读者的思考，而是束缚别人的思想，更甚者则像"文化大革命"前的大批判文章，完全是为了毁灭别人的声誉、压制别人的思想。假如这也可以称为"学术"，则是一种"伪学术"，因为它不是为了思想的交流，而是为了毁灭别人的思想。也就是说，在当代社会，学术是一种职业，是一种谋生的手段，但真正构成学术事业内在动力的却绝对不仅仅是谋生的需要。

构成学术事业的内在动力是什么呢？我认为，是对本民族社会实践关系的一种关切。

学术是对现实实践关系的一种超越，但这种超越也是建立在对它的关切之上的。没有关切，就不需超越，有了关切，才有超越的愿望和要求。"天之道，其犹张弓与？高者抑之，下者举之，有余者损之，不足者补之。天之道损有余而补不足，人之道则不然，损不足以奉有余。孰能有余以奉天下？唯有道者。是以圣人为而不恃，功成而不处，其不欲见贤。"（《老子》第77章）我认为，老子这里所说的"人之道"，实际上就是泛指人类以及一个民族的现实实践关系。这种实践关系总是充满利害冲突的，总是"奉有余而损不足的"。强者与弱者竞争，总是强者胜弱者，胜利了的强者更加强，失败了的弱者更加弱，激化人类以及一个民族的内部矛盾和斗争。加强人类以及一个民族的内部分裂，仅仅有这种现实实践的利害冲突关系，最终必将导致整体的毁灭。"天之道"则是超越于现实利害冲突的整体之道，整体之道才是"损有余而补不足"的，才是维系整体的联系使之不遭到根本的破坏的。实际上这种超越于现实利害关系的"天之道"，就是对各种现实实践关系的整体性认识，就是人类以及一个民族的知识体系、思想体系和语言体系的本质特征，所有这些都不仅仅属于现实利害冲突的任何一方，但又可以被现实利害冲突的任何一方所了解和理解，弱者有了知识和思想就能够更有效地保护自己，使自己渐渐强大起来，强者有了知识和思想至少可以减少掠夺的盲目性，减少对弱者的损害程度，起到的是"损有余而补不足"的作用。它永远不可能完全代替人类以及一个民族现实实践领域的利害关系，但却可以减少它的残酷性，加强政治管理和物质生产的有效性，维持人类以及一个民族的整体存在和发展。知识分子（"道者"）的学术只有在这种整体性关怀的基础上才能建立起来。"杨朱无书"①，杨朱仅仅"为我"，就不会把自己认为宝贵的知识和思想书写出来，让别的人也能了解和掌握。所以，知识分子与自己学术的关系，是"为而不恃，功成而不处"的，仅仅当作谋生手段的语言、知识和思想，构成的是对别人的排斥、压制或欺骗。

在过去，我们往往先谈知识分子的人格，而后谈知识分子的学术，似乎知识分子的人格是先于他的学术而单独存在的。我倒认为，先于学术而存在的人格是道德学意义上的，对于我们，更重要的是与学术共生的知识分子人格。知识分子是可以有各种不同的性格的，他们在生活中不可能都是白璧无瑕的圣人，但只要是一个知识分子，对本民族现实实践关系及其中的某些问题总是有所关心的，而这种关心又总是超越于纯粹个人的利害关系的。正是这种关心，使他对自己的学术研究有一种极其明确的价值和意义的感觉，而不会随着外部的舆论发生毫无原则的动摇和变化。我们所说的知识分子的人格，就是在这种对民族现实实践关

---

① 鲁迅：《而已集·小杂感》，载《鲁迅全集》第3卷，第532页。

"新国学"论纲(下)

系的关怀中自然形成的,就是在对自我独立思想和见解的意义和价值的明确意识中自然生成的。就其性格,胡适并不是多么坚强的人,但他一生未曾放弃他的白话文革新的主张;就其体格,鲁迅是一个手无缚鸡之力的人,但他一生未曾放弃改造国民性的追求。他们的意志和力量不是来自他们的性格本身,而是来自他们对超于自我的民族现实实践关系及其实际问题的真诚关怀,来自于他们对自己的思想主张和文化主张的意义和价值的明确意识。正是这种意识,赋予了他们具体感受周围世界和人的方式,也正是这种感受的方式使他们表现出了为其他人所较少有的独立的人格。当我们群起而批判马寅初的时候,马寅初会怎样感受我们对他的批判呢?我认为,了解了这一点,也就了解了知识分子独立人格生成的基础。

当代文化的发展,使我们从对民族的整体关怀中回到对具体领域、具体问题、具体事物的关怀中来。在中国古代,知识分子是极少数,这极少数的知识分子联系着整个国家的命运,所以儒家"修身、齐家、治国、平天下"的文化方针就成了对每个知识分子的思想要求,从整体到整体成了儒家学术的主要特征。也就是说,每一个知识分子都是从关怀国家整体出发而思考实现国家整体治理的问题的。"道""理"就是与社会整体关怀相对应的文化观念。知识分子本人也以无所不能的"圣人"为自我修养的人格范式。文化教育的普及,知识分子数量的增加,社会分工的加强,使我们现当代知识分子是以"专家"的形式而存在的,但这也造成了一种错觉,认为我们是不需要任何的整体观念的。实际上,正是这种整体观念的缺乏,造成了我们学术观念上的某些参差。直至现在,我们仍然常常只在不同学术领域、不同思想倾向、不同学术流派以及不同学者之间的关系中感受和思考各自的价值和意义。儒家文化的价值和意义往往是在同法家文化、道家文化、五四新文化、西方文化等等的比较中得到肯定与否定的,鲁迅思想的价值和意义往往是在与孔子、胡适、郭沫若、梁实秋、林语堂等人的思想的比较中得到肯定与否定的,唯物主义往往是在与唯心主义的比较中得到肯定或否定的。在这种研究的范式下,似乎永远是学术与学术的战争,知识分子与知识分子的相互排斥。你用"新文化"排斥"旧文化",我用"旧文化"排斥

"新文化";你用"西方文化"排斥"中国文化",我用"中国文化"排斥"西方文化";你用自然科学排斥人文科学,我用人文科学排斥自然科学;你用鲁迅排斥胡适,我用胡适排斥鲁迅。历史上曾有的分歧一个都没有忘记,反而变得越来越严重。我们也讲超越,但只讲学术对学术的超越、学者对学者的超越,而不讲学术对现实实践关系的超越,不讲知识对常识的超越,不讲思想对直观感觉的超越。实际上,这种超越观是没有多少道理的。我们当代每一个知识分子都超越了孔子吗?我们当代每一个哲学家都超越了老子吗?我们当代每一个文学家都超越了鲁迅吗?学术虽然常常通过争鸣的方式发展起来,但学术真正的价值和意义却不在此。自然科学的价值和意义不在于对宗教的排斥,而在于对自然世界的认识;宗教的价值和意义也不在于对自然科学的排斥,而在于人的精神的拯救。学术的价值和意义永远是在对现实实践关系的超越中表现出来的,而不是在对不同思想学说的排斥中表现出来的。只有在这样一个意义上,我们才会感到,我们各种不同的思考实际是对现实实践关系中不同问题的思考。我们之间的差异和矛盾反映的恰恰是现实实践关系中不同问题之间的差异和矛盾。学术争鸣是为了增加我们彼此的相互了解、理解和同情,从而在语言、知识、思想的层面上为改善现实实践关系提供了某些可能。我们研究的是各自不同的问题,但我们共同构成的却是一个民族语言体系、民族知识体系和民族思想体系,构成的是一个我们称之为"新国学"的学术整体。

结语

如我在文章开头时所说,"新国学"不是一个学术研究的方法论,不是一个学术研究的指导方向,也不是一个学术流派和学术团体的旗帜和口号,而只是一种学术的观念。本文所谈,大都不在我的专业范围,其中肯定有很多幼稚可笑甚至荒诞不经的地方,但我认为,中国知识分子对于我们民族的学术应该有一个新的整体的观念,从事学术研究的中国知识分子应该建立起一种彼此一体的感觉,对我们都是有重要的意义的。20世纪是中国学术发生大分化甚至大分裂的世纪,通过这种大分化

"新国学"论纲（下）

和大分裂形成的是不同的研究领域、不同的思想倾向、不同的学术流派和不同的个人风格，这样一个过程，经过1949年到"文化大革命"结束这样一个历史时期的反复和"文化大革命"结束之后在新的历史条件下的学术复兴，至20世纪末基本完成。高等教育的持续发展，研究生招生制度的建立，社会群众对学术问题关切程度的提高，标志着中国学术已经进入了一个新的发展阶段，而这个阶段的特征应该是在全球化背景上重新形成开放的民族学术的独立意识，而重建民族学术的整体观念则是关键的一环。"新国学"这个概念本身并不重要，但对于这样一个整体观念的形成和在此基础上重新调整我们的某些学术思想则是有直接助益的。

原载《社会科学战线》2005年第3期

"新国学"与中国现代文学研究

"新国学"是我新近想到的一个学术概念。我在《"新国学"论纲》中就曾经着重地指出:"'新国学'不是一种学术研究的方法论,不是一个学术研究的指导方向,也不是一个新的学术流派和学术团体的旗帜和口号,而只是有关中国学术的观念。它是在我们固有的'国学'这个学术概念的基础上提出来的,是使它适应已经变化了的中国学术现状而对之做出的新的定义。"[①]

我的专业是中国现代文学研究,"新国学"这个概念的提出,是与我作为一个中国现代文学研究者的体验有着直接关系的。在这里,我重点谈一谈"新国学"这个学术概念的提出与中国现代文学研究的关系。

中国现代文学研究是在中国现代文学生成与发展的基础上建立起来的。没有中国现代文学的存在和发展,就没有中国现代文学研究的存在与发展,这是一个不言自明的事实。不论我们对中国现代文学史怎样分期,它的上限和下限定在哪一个特定的年代,但有一点则是不容怀疑的,那就是五四新文化运动暨新文学运动标志着中国现代文学的正式诞生,中国现代文学是在五四新文学运动的基础上产生与发展起来的,是以现代白话文为主要语言载体的文学,并且是以现代散文、现代小说、

[①] 王富仁:《"新国学"论纲》,载《社会科学战线》2005年第1—3期;又见于《新国学研究》第1辑,汕头大学新国学研究中心编,人民文学出版社,2005。

"新国学"与中国现代文学研究

现代诗歌、现代戏剧为主要体裁构成的新的文学格局。它曾受到西方文学的显著影响也是一个不容置疑的历史事实。在中国现代文学产生之后，围绕着中国现代文学进行的评论和研究就开始了，但直至1949年中华人民共和国成立之后，中国现代文学研究才作为一个正式的学科在中国大陆形成。它是以大学中文系开设中国现代文学史课程为标志的。也就是说，包括其研究对象中国现代文学在内的整个中国现代文学学科，都是20世纪中国文化的产物。

严格说来，"国学"这个概念也是中国现代文化史上的一个新概念，是20世纪中国文化发展的一个产物，但它生成于五四新文化运动之前，是在五四新文化尚未产生之时先期进入中国文化的。在"国学"这个学术概念产生之前，中国就已经有了"中学"与"西学"之争，但那时的"中学"，不论是在复古派官僚那里，还是在洋务派官僚那里，指的仅仅是在当时仍然占据统治地位的儒家伦理道德学说，并且是被宋明理学家系统改造过顺从了异族政治统治的有清一代官僚知识分子所接受和运用的伦理道德系统，而现代科技则被划归西方文化并且作为对西方文化全部内容的理解和运用。严格说来，那时的"中学"和"西学"之争，更是清朝统治集团内部两条政治路线的分歧和斗争，争论的是在面临具有更先进的科学技术水平的西方帝国主义国家侵略的情况下清王朝采取何种政治策略的问题，其政治意义大于文化意义。张之洞"中学为体，西学为用"的主张，具体翻译出来，只不过是维持清王朝固有的政治统治秩序，为此目的而利用现代科学技术以增强国力，与我们现在所理解的知识分子的学术研究活动并没有直接的关联。"国学"则是一个学术概念。在章太炎主持《民报》编务期间，就已经提出"国学"这个概念，这使他与当时同盟会的大多数革命者有了一个严格的区别：他不但重视推翻清政府的政治革命，同时也高度重视中国固有文化传统的整理和研究，力图从中国固有文化中发掘出中华民族现代生存和发展的精神支柱和力量源泉。正是在这一意向的推动下，他首先突破了宋明理学的排他性文化框架，将自己的文化意识从固有的狭隘的政治意识形态的束缚中解放出来，从而将中国古代文化视为由各种不同的文化倾向构成的一个文化整体。辛亥革命之后，他退出政治舞台，主要从事"国学"

的研究和倡导，举办各种形式的"国学"讲习活动，使"国学"这个学术概念在中国学术界扎下根来。他的"国学"，简略说来，就是与西方固有学术不同的中国古代的固有学术，它包括中国古代的哲学、文学、语言学三个主要部分。在中国古代哲学中，又包括儒、释、道等各家各派的思想学说。实际上，他的"国学"就是中国古代高雅文化的总称。

章太炎是反对五四白话文革新的，他的文化观念也主要是在中国古代高雅文化的基础上形成的，包括戏剧、小说在内的中国古代俗文化传统，并不在他的"国学"范围之内，所以，他的"国学"又常常与"国粹"混淆在一起。五四新文化运动之后，胡适又用"国故学"这个概念对章太炎的"国学"概念做了修正，将中国古代的戏剧、小说、金文、甲骨文研究等等，都补充到"国学"这个概念当中来，也不再辅以固定的价值评价，严格区分了"国学"与"国粹"的界限，从而使"国学"这个学术概念成了整个中国古代文化研究的总称，但它仍然不包括五四新文化运动之后生成和发展起来的中国现代文化和中国现代文学。在上世纪20、30年代，很多大学都成立了国学研究机构，对于中国古代文化的研究起到了重要的推动作用。

1949年之后，中国大陆的学术界不再使用"国学"这个学术概念。在这时正式形成的中国现代文学研究学科也与"国学"这个学术概念不发生任何关系。中国古代文学史、中国现代文学史、外国文学史、文艺理论、语言学（包括普通语言学、古代汉语、现代汉语）等成为中国高等学校文学教育的主要课程，也成为中国文学研究的几个主要学科。任何一个民族的任何一个时代的文学研究都是一个结构整体，其中的任何一个独立的研究学科都是在这个结构整体中存在和发展的，既可能受到这个结构整体的激发而获得发展的动力，也可能受到这个结构整体的束缚而失去继续发展的契机。在更多的情况下，是其中的某些方面保持着发展的势头而另外一些方面则处于停顿乃至萎缩的状态。从1949年中华人民共和国成立到1976年"文革"结束前夕的整个历史时期，中国现代文学研究就是在中国文学研究的这个整体格局中运转和变化的，而中国文学研究的整体格局又是在当时整个中国文化大格局中运转和变化的。

众所周知，1949年中华人民共和国的成立标志着中华民族一个统一的现代民族国家的形成，这个民族国家是通过中国共产党领导的中国革命的胜利而建构起来的。它的政治形态不同于现代英美发达资本主义国家，但它结束了从鸦片战争以来中华民族被动挨打的历史局面和辛亥革命以来军阀混战的动乱格局，给中华民族在和平条件下发展民族政治、经济、文化提供了可能性。它的初期阶段是中国现代民族国家重构的历史时期，也是中国文化总体格局重构的历史时期。现代民族国家政权建设的需要不但是现代民族国家重构的核心内容，也是中国文化总体格局重构的核心内容。中国现代文学史学科的正式形成，实际也是重构中国文化总体格局的产物，是这个重构过程的重要环节之一。这不但使中国现代文学史学科得以顺利产生，而且保证了它的初期阶段相对顺利的发展。直到1957年，中国现代文学史学科在整体上都处于生成和发展的阶段。相对完整系统的中国现代文学史的编写、以鲁迅研究为中心的中国现代文学研究的初步展开，是这一时期中国现代文学学科得到相对顺利发展的主要标志。

为什么中国现代文学学科在以现代民族国家政权建设的需要为核心内容的中国文化总体格局的重构中得以产生并获得了相对顺利的发展呢？在这里，我们首先应该意识到的，就是中国现代文学自身的特质：在中国现代史上，它是与中国现代政治革命同时发展起来的两种形态的平民知识分子文化，并且经常发生大面积的重合和多种形式的交叉，它们同属弱势的知识分子群体。五四新文化革命在政治上不是一场由"上"而"下"、在文化上不是一场由"俗"向"雅"的文化革命运动，而是由不掌握实际政治权力的平民知识分子首先倡导和发动起来的，是将文化从单纯的政治关系中解放出来、使之具有更广泛社会性质的文化革命运动。五四白话文革新是用一种平民化语言代替在长期历史上形成的高雅的文言语言，即使在五四新文化革命得到中国社会的承认之后，以现代小说、现代诗歌为主体的现代文学文体仍然只是中下层知识分子的文体形式，其读者也主要是中下层知识分子、特别是青年学生，它们已经不是以诗文取士时代的诗与文。以现代小说家闻名于世的鲁迅由政治官僚到学院教授再到亭子间作家的转变，鲜明地表现出中国现代文学在当时的上层社会并没有多大的生存和发展的空间，上层官僚和上层知识分子并不把中国现代作家及其作品视为值得重视和尊重的对象。与此同时，中国现代政治革命也是由这样一个阶层的知识分子发动和领导的。陈独秀是五四新文化运动的发起人，毛泽东也曾在湖南对在北京发生的五四新文化运动做出过直接的呼应，周恩来曾是南国剧社的成员，瞿秋白、张闻天、冯雪峰等既是青年作家同时也是早期的共产党人，其他中共的主要领导人也大都与五四新文学有过相当密切的关系。30年代的左翼无产阶级文学运动更是现代文学和现代政治革命联姻的产物。在整个中国现代文化史上，政治革命的"革命性"和现代文学的"批判性"常常是交织在一起的，发挥的都是改造现实社会及其思想意识的作用，"启蒙"和"救亡"并没有一个截然分开的界限。正因为如此，中华人民共和国的成立，既标志着中国共产党领导的政治革命的胜利，也标志着中国现代文学社会影响力的进一步扩大。中国现代文学作家在这个新的政权中所占有的位置要远远大于中国现代学院教授们所占有的位置，郭沫若、茅盾、周扬、夏衍、丁玲等等一大批现代作家，在新的国家政权中都拥有了相当可观的文化权力，中国现代文学学科的诞生是与这种文化权力的支持分不开的。与此同时，包括巴金、老舍、曹禺、叶圣陶、冰心、艾青这些著名现代文学作家在内的大多数现代作家，以及包括闻一多、朱自清、冯至这样一些有着杰出文学成就的学院教授在内的学院文学家，由于他们在中国现代历史上大都没有被组织进国民党政权的政治体系，所以政权的变动没有影响到他们入史的资格。这样，1949年中华人民共和国成立之后的中国大陆，就有了编写中国现代文学史的可能。虽然它还不可能是十分完整的和精确的，但到底具备了作为文学史的整体规模。这与台湾的政治形势和文化格局是截然不同的。中国现代文学作家在当时社会的无权地位和中国现代文学在整体上的社会批判、文化批判的性质，使他们中的绝大多数人选择了大陆政权而放弃了台湾的国民党政权。绝大多数中国现代文学作家的作品在台湾被列为禁书，中国现代文学学科自然也没有成为一个独立学科的可能。港澳地区的民族文化在整体上不能不受到宗主国文化的压抑，作为民族文化一部分的中国现代文学更不可能得到独自的超升。

中国现代文学的特质是中国现代文学研究学科得以在中国大陆产生

并得到相对顺利发展的前提,但也是后来遇到严重危机的根本原因之所在。鲁迅在上世纪20年代就曾说过:"我每每觉到文艺和政治时时在冲突之中;文艺和革命原不是相反的,两者之间,倒有不安于现状的同一。惟政治是要维持现状,自然和不安于现状的文艺处在不同的方向。"[①]鲁迅在这里区分了"革命"和"政治"两个不同的概念,他把没有取得全国政权、受到现实政权的压迫、需要改变现状的"政治革命"称为"革命",而将已经取得了全国政权、必须维护现实政权的安全和社会稳定的"政治革命"称为"政治",并认为"文艺"与"革命"在不满于现状的方向上是"同一"的,而"文艺"与"政治"则由于不满于现状和维护现状的差别而有不同的方向。这种差异在中国现代文学学科的进一步发展中就表现了出来。显而易见,50年代的中国现代文学史学科的思想是建立在以冯雪峰文艺思想为支点的左翼文艺思想基础之上的。冯雪峰文艺思想恰恰处在鲁迅文艺思想与毛泽东文艺思想的结合部上,它连接了中国的政治革命与中国现代文学的主潮,社会批判与文化批判则是它的基本的立足点。向前,它有分析地接受了五四新文化运动,并将在这个运动中取得了最高文学成就的鲁迅提升到了"主将"的位置,而将在当时处于领袖地位的陈独秀和胡适放在了一个可以接受而不被推崇的高度上;向后,它连接了解放区、国统区、沦陷区的文学,并以自己的标准给予了价值的评判。只要翻开王瑶的《中国新文学史稿》,我们就会感到,他也正是这样描述中国现代文学的历史的。

迄今为止,人类社会已经有了多到数不清的文化理论和文艺理论,但不论何种理论,都不可能取消文学作为作者主体感受的艺术表现的特征,并且越是带有整体性感受的表现,越能够在人类历史上与不同时代的读者达成心灵的沟通而成为杰出的文学作品。这种感受的个人性与感受的强烈性、复杂性是不可能完全纳入到一时一地的现实政治中的。这就使之与现实的政治保持了一定的距离,使之带上了社会和文化的批判性。这绝不仅仅是中国现代文学的特征,而是中外所有杰出的文学作家

---

① 鲁迅:《集外集·文艺与政治的歧途》,载《鲁迅全集》第7卷,人民文学出版社,1981,第113页。

和文学作品的特征。屈原、司马迁、陶渊明、杜甫、李白、陆游、辛弃疾、曹雪芹、但丁、莎士比亚、拜伦、雨果、列夫·托尔斯泰、陀思妥耶夫斯基、卡夫卡，哪一个是依靠歌功颂德建构起自己的文学业绩来的呢？但也正是对文学批判性特征的重视，与当时亟须统一思想、巩固新政权的需要发生了内在的矛盾和冲突。显而易见，这种矛盾已经不是政治的，而是文化的与文学的。最早带着30年代左翼文学的批判精神并以30年代左翼文学的批判话语对当时的主流文艺思想做出正面批判的是胡风和他的战友们，但他们的失败还没有导致中国现代文学史整体文学框架的坍塌和中国现代文学研究整体格局的破裂，直到1957年冯雪峰、丁玲、艾青等左翼作家被迫退出文化的舞台，中国现代文学学科才不能不受到整体的、致命的伤害。实际上，1957年之后的中国现代文学史已经称不上是一部真实的中国现代文学史，因为它根本无法描述中国现代文学发生和发展的全过程。它不仅少了细节，而且也扭曲、斫断了主脉。甚至鲁迅研究也被政治的标准架空了。更为严重的是，这不是研究者的误读，而是对自我文学感受和理解的自觉压抑和窒息。

中国现代文学研究学科的塌陷直接影响到中国当代文学创作及其研究的发展。只要我们从文学传统角度出发就会感到，像王蒙的《组织部新来的青年人》、刘宾雁的《在桥梁工地上》、秦兆阳的《现实主义——广阔的道路》等等，是隐隐地传承了30年代的左翼文学传统的，是相对多地保持着左翼文学的现实批判精神的。它们与30年代左翼文学的根本差别，在于它们已经从与政治革命的联姻中逐渐独立了出来，而将现实政治的需要包容在自己的文学创作的目的性之中。但即使如此，它们仍然与当时统一舆论、统一思想的现实政治目标发生了冲突，它们的作者被打成"资产阶级右派分子"，并从文学的舞台上消失了。时至今日，我们有了反思"十七年"文学的相对自由，但我们的反思却给人们造成了一个错觉，似乎在"十七年"受到严重摧残的不是30年代左翼文学传统，而是英美派知识分子的文学传统，但只要进入到当时的历史事实之中去，就会看到，文学界的历次政治批判，几乎都集中在30年代的左翼作家和理论家身上，并且他们受到的政治惩罚也更加惨重严酷。这里的道理是不难设想的。文学创作的个体性以及个体的社会感受、人生感受的复杂性、强烈性都要远远高于学院文化，因而它的社会批判性质和文化批判性质也更加直接和尖锐。这就是鲁迅认为文艺与政治常常有着不同方向的原因。"胡风集团""丁陈集团"、冯雪峰、艾青是50年代文学批判的主要对象。1957年之后对"中间人物论""人性论""电影的锣鼓"的批判，仍然是集中在邵荃麟、李何林、夏衍这样一些30年代左翼作家身上，直到"文革"批斗的"四条汉子"——周扬、夏衍、田汉、阳翰笙，仍然是30年代的左翼知识分子。这个历史过程清楚地说明：在当代中国严峻的政治环境中，中国现代文学学科不但是支撑自我存在和发展的文化支柱，同时也是支撑整个文学大厦的文化支柱，而30年代的左翼文学则是整个中国现代文学学科的精神支柱。在这里，牵涉知识分子及其文化的独立功能的问题。知识分子文化不只是顺世和乐之音，它还必须具有社会批判、文化批判的精神。中国传统文化内在的批判精神，因为我们远离那个时代的特定社会环境，也由于它自身向政治和世俗两个领域的转化，常常被忽略。实际上，孔子关于"天下无道"的慨叹，孟子关于"率兽食人"的警示，屈原"天问"的怀疑精神和"路漫漫其修远兮，吾将上下而求索"的追求意志，都显示着他们鲜明的社会批判精神和文化批判精神。时至今日，他们的这种精神是必须依靠中国现当代知识分子的阐释和解读才能重新被激活的。相对于中国古代文化，鲁迅和30年代左翼知识分子的社会批判、文化批判精神则是更加直接地展露在我们面前的。

显而易见，30年代左翼文学的批判精神，是带有鱼龙混杂的性质的，即使冯雪峰、瞿秋白的文艺思想，也是将政治的批判、武器的批判同社会的批判、文化的批判混淆在一起的。始终在左翼文学与政治革命联姻的形式下坚持进行独立的社会批判和文化批判的几乎只有鲁迅。他逝世前两日在《因太炎先生而想起的二三事》中还写道："我的爱护中华民国，焦唇敝舌，恐其衰微……"①说明他终其一生所做的批判，并不意在推翻（当然也不在维护）一个政权，而是作为一个社会成员在其本应具

---

① 鲁迅：《因太炎先生而想起的二三事》，载《鲁迅全集》第6卷，人民文学出版社，1981，第556页。

有的公民权利的基础上对政治专制和文化专制所做的反抗。这使他的思想和创作较之冯雪峰、瞿秋白、胡风、周扬都具有更大的超越性和前瞻性。不难看到，正是在区分鲁迅的批判精神和冯雪峰等其他左翼知识分子的批判精神的过程中，鲁迅研究从以政治批判为重心回归到以文化批判为重心，从以30年代的战斗性为中心回归到以20年代的启蒙性为中心，从而也为重新建构更加完整和系统的中国现代文学学科奠定了学科内部的思想基础——50年代的中国现代文学学科是以30年代的左翼文化为基点的，而新时期重构的中国现代文学学科则是以五四新文化运动为基点的。正是从五四新文化运动这个中国新文学的发源地出发，一个将胡适、周作人、徐志摩、梁实秋、林语堂、沈从文、张爱玲等作家作为平等的一员纳入中国现代文学学科的研究范围提供了可能性。与此同时，也正是在五四新文化运动的基点上，中国现代文学学科找到了与当时"改革开放"的政治路线遥相呼应的文化精神，这为中国现代文学学科的复兴在政治环境中疏通了道路。在从"文革"向新时期转换的历史时期，鲁迅研究以及中国现代文学学科是起了举足轻重的历史作用的。它作为一个学科的独立性也在这个时期表现得最为鲜明、最为突出。50年代是中国现代文学学科产生的历史时期，但它的产生更多地得到政治权力的支持，在学术界内部仍然是一个不受重视的新兴学科，难以与中国古代文学学科、外国文学学科、文艺理论学科、语言学学科具有同等的学术地位。而在这个历史时期，中国现代文学学科才表现出了自身的独立性和先锋性，它的复兴带动了整个中国学术的复兴，其影响远远超过了本学科的范围。此后是中国学术全面复兴的一个历史时期，也是中国现代文学学科走向更大繁荣的历史时期。但在这个过程中，整个中国现代文学研究学科的先锋性已经逐渐丧失了。

必须看到，中国现代文学学科先锋性的丧失，是有其合理性的，但也因此而孕育着自身的危机。众所周知，中国现代文学是在五四新文化运动的基础上发展起来的，这个运动是在"反传统"的旗帜下进行的，是以输入西方文化的形式实现对中国文化的革新的。"新文化"与"旧文化"的对立始终是中国现代文学学科阐释中国文化和自身存在根据的基本思想框架。在"五四"及其此后的中国现代文学作家从西方文学中摄取精神的养料时，19世纪和20世纪初的西方文化、文学以及文学理论始终是主要的摄取对象，但在从1949年至1976年长达四分之一世纪的封闭之后重新面对西方世界时，西方的文化、文学以及文学理论已经发生了巨大的变化，中国现代文学与西方当代文学有了更加显著的差别。与此同时，"五四"的对外开放，是少数知识分子独立倡导的，是立足于文化与文学发展的需要的，所以它的开放是向文化和文学的开放，与政治、经济的开放没有必然的联系，俄罗斯、东欧、北欧等被压迫民族国家的文学受到更多的关注，而这些国家的文学与其政府的意志并非总是一致的，即使西方发达资本主义国家的文学，也常常与本国的政治发生直接的冲突，"红色的三十年代"更是一个革命文学的年代，而"文革"之后的"开放"，首先是建立在政治和经济需要基础上的"开放"，是向以美国为首的发达资本主义国家的"开放"，这些国家的文学在度过资本主义的危机阶段之后与本国政治的严重对立情绪已经得到很大程度的消解，本国的政治也在很大程度上容纳了知识分子的独立性，容纳了知识分子的思想自由和文学创作的自由，消费文化的发展也是这些国家文化发展的一个突出特点。这不但将中国现代文学与西方当代文学的差别凸显出来，将中国当代的翻译文化与中国现代文学学科的距离拉大了，同时也使当前的文学创作与中国现代文学学科失去了直接的联系。所有这些，都使中国现代文学以及在此基础上建立起来的中国现代文学研究学科受到来自各个不同学科的严重的质疑。假若我们不是从中国现代文学研究的表面繁荣出发，而是从整个社会的文化思想和文学思想出发，用"四面楚歌"来形容中国现代文学学科在当下的文化处境并不为过。

中国现代文学学科自身的开放，首先是向海外汉学研究界的开放。夏志清、司马长风、林毓生、李欧梵、王德威等华裔美国汉学家、香港地区汉学家的中国现代文学研究都曾给予中国（内地）的中国现代文学研究以显著的影响，并在中国现代文学学科的复兴过程中发挥过相当大的作用。大陆中国现代文学研究界对胡适、徐志摩、梁实秋、林语堂、沈从文、张爱玲、钱锺书的重新评价和研究热情的提高，与他们的影响是分不开的。但是，这同时也伴随着对鲁迅和30年代左翼文学乃至对五四新文化运动的质疑，使中国现代文学研究的重心发生了由"左"向"右"的转移。在很多研究者的心目中，他们的研究体现了美国或西方的中国现代文学观。但严格说来，他们实际上是中国现代文化发展中的一个分支，属于现代海外华文文化的一部分。在美国和西方发达资本主义国家对中国大陆实行经济封锁政策和中国大陆对美国和西方发达资本主义国家实行封闭政策的时候，台、港、澳地区仍然保持着与它们的政治、经济、文化的联系，上述汉学家大都是那时出国留学或谋职的中国人。由于政治上的分裂，中国大陆也与台、港、澳地区有着明显的文化上的裂痕。在那些地区，鲁迅研究、中国现代文学研究是受到压抑甚至压制的。他们在海外取得了研究鲁迅与中国现代文学的更大的自由，成为海外最早的一批鲁迅研究和中国现代文学研究的专家，不论是对于台、港、澳地区文化、世界范围的华文文化还是对其驻留国文化，都是有其重要性的，但他们的鲁迅观和中国现代文学观也不能不受到另外一些因素的隐性的束缚，即他们对与中国共产党领导的政治革命有着直接关系的作家的作品有着更大的隔膜，而对那些远离这场革命的作家的作品有着更大的亲和力；对鲁迅，重视其前期而疏远其后期，重视他的被文艺教科书所认可的文学创作而隔膜于鲁迅自身更看重的杂文。在台湾，对"五四"的思想革命和白话文革新提出过更多的质疑，其原因显然与台湾国民党政权在政治、军事上的失败有关。与上述海外中国现代文学研究者同时进入中国大陆知识分子视野的还有新儒家学派。留在大陆的梁漱溟、冯友兰等新儒家学派的学者虽然与大陆政权都实现了某种程度的结合，但在思想上却始终是被批判的对象。1949年之后，这个学派在台、港、澳地区和海外华文文化圈之内得到传承和发展。这个学派对五四新文化采取明显的对立态度，鲁迅更是这个学派所无法接受的。但在新时期的学术复兴过程中，这个学派对大陆中国古代文化研究的繁荣发展，起到了显著的推动作用。"国学"这个学术概念之重新返回大陆学术界，与这个学派的影响也有莫大的关系。

当"国学"这个学术概念重新返回大陆学术界，并且逐渐成为在中国学术界惟一具有整体性、概括性、超学科性且影响巨大的学术概念的时候，中国大陆的学术结构却早已发生了重大的变化。对于中国现代文

"新国学"与中国现代文学研究

学研究者而言，其中一个无法忽视的变化就是中国现代文学研究学科的存在和发展。在20世纪初年"国学"这个学术概念产生之时，尚不存在这个学科，而在上世纪50年代这个学科产生之时，大陆学术界也不存在"国学"这个概念。这样，中国现代文学学科就与"国学"这个学术概念失之交臂，被"历史地"遗留在"国学"之外。在此之前，至少在观念上，中国现代文学学科与中国古代文学学科、外国文学学科、文艺理论学科、语言学学科等是平等的，中国现代文学学科担负着其他学科所不担负的中国现代文学的研究工作，有其独立存在的必要性。但当"国学"这个概念重新出现在大陆学术界，中国现代文学学科与中国古代文化研究诸学科的地位就发生了根本性的变化。"国学"，不但是一个学科的名称，同时也是一个价值体系。它是作为中华民族文化的主体结构而存在的，是体现中华民族文化总体特征的文化整体，也应是中华民族文化精华的渊薮。那么，中国现代文学学科还是不是中华民族文化主体结构中的一个组成部分呢？还体现不体现中华民族文化的总体特征呢？还有没有中华民族文化的精华存在呢？所有这些问题，在"国学"出现在大陆学术界之后，都成了悬浮在中国现代文学学科的上空而无法得到明确回答的问题。它向中国社会所暗示的东西较之它直接表达的东西要多得多，整个一代青年知识分子都是在这种暗示中成长起来的。曾几何时，整个中国社会都把文化改革的希望寄托在作为它的尖端的中国现代文学学科，特别是鲁迅研究上，而现在，整个社会都把自己的怨恨发泄在中国现代文化和中国现代文学，特别是鲁迅的身上。"国学"也激活了"国粹"。所有那些在自己存在和发展的过程中遇到了实际困难的中国固有的文化或文学的门类，都在"国粹"的名义下有意与无意地回避掉了在自己存在和发展过程中所遇到的实际困难以及克服这些困难的现实努力，而将责任推卸到一个世纪以前发生的五四新文化运动以及鲁迅等新文化运动的发起者对中国传统文化的批判上。具体说来，五四新文化运动有三个主要方向：一、以"提倡新文化、反对旧文化，提倡新道德、反对旧道德"为主要内容的思想革命；二、以"提倡白话文、反对文言文"为主要内容的书面语言革命；三、以"提倡新文学、反对旧文学"为主要内容的文学革命。不难看到，在五四新文化运动所具有的这三个主要方向上，我们都遇到了极其严峻的挑战。而在这些挑战面前，从总体来说，我们是有些力不从心的，我们常常是带着一种莫名其妙的类似原罪感的心情、以退缩的方式应付这些挑战，甚至我们自己就是站在五四新文化运动和五四新文学运动的"反对党"的立场上提出问题和解决问题的：在晚清文学与五四新文学的关系上，我们愈来愈感到晚清文学的成就是令人惊喜的，越来越感到依照晚清文学发展的自然趋势中国文学就会走向新生，五四新文化运动那种激进的姿态原本是不应该有的，这造成了中国文化和中国文学的断裂。鲁迅对晚清"谴责小说"的评价是不公正的，茅盾对鸳鸯蝴蝶派小说的批评也是过于武断的；在五四新文化运动的倡导者与反对者林纾之间，我们对林纾抱有更多的同情，而认为五四新文化运动的发起者对林纾的批判是过激的；似乎《荆生》和《妖梦》的作者更加具有中国传统的宽容精神，而陈独秀等人对林纾的反驳则有悖于中国的传统美德——中庸之道；在"学衡派"与胡适等提倡白话文革新的五四新文化运动的发起人之间，我们感到反对五四新文化运动的"学衡派"倒体现了中国文化发展的正确方向，而胡适等五四新文化运动的发起人则是西方殖民主义文化的产物，背离了中华民族的优秀文化传统……所有这些，都能够得出这样一个结论：五四新文化运动原本是不应该发生的，或者是不应该由这样一些人发起的，或者由这些人发起而不应当发表这样一些激进的言论的。我认为，在这里，我们实际已经陷入了一个文化的陷阱：表面看来，我们是在"研究"中国现代文学，实际上我们是在"否定"中国现代文学。试想：他们不用那样一些言论倡导五四新文化，又应该用怎样一些言论呢？用另外一些言论倡导的能是我们现在所研究的中国现代文化和中国现代文学吗？他们若不发起五四新文化运动，当时的哪些人又会发起这样一个运动呢？林纾会提倡新文化、新文学吗？"学衡派"会提倡新文化、新文学吗？如果中国历史上根本没有过这样一场文化运动，我们的中国现代文学又从哪里产生出来呢？难道产生了鲁迅、曹禺、沈从文、张爱玲等我们所熟知的一批作家的白话文文学真的是那么一文不值吗？难道他们真的是一些把灵魂出卖给了洋鬼子的中国文化的罪人吗？有人也许会说，难道我们不应该对中国现代文化、中国现代文学的历史进行反思吗？但是，"反思"必须是对"存在事物"的反思，并且这个"存在事物"是有其继续"存在"下去的价值和意义的，否则，我们有什么必要对它进行反思呢？五四新文化运动实际就是中国现代文化和中国现代文学的诞生过程，这个过程是伴随着诞生的阵痛的，但只要我们承认中国现代文化和中国现代文学的诞生的权利，我们就不应该将这种诞生的阵痛视为不可容忍的、不可接受的。任何一个人，任何一个学科，都要有自我反思的精神，但假若这种自我反思达到了自我否定的地步，这种反思也就不是自我反思，而是一种自我异化、自我残害了。

　　我认为，所有这些所谓的反思都反映出我们对这个学科的当下归宿感的危机意识。在"文革"刚刚结束、我们希望从"文革"废墟中爬出来的时候，虽然我们也遇到过几乎难以克服的困难，但我们是没有这种归宿感的危机的。"五四"的文化精神支撑了我们对"文革"文化的批判，我们的文化批判的形式同五四新文化运动的文化批判的形式是大致相近的：虽然我们进行的是我们民族文化内部的自身批判，但我们批判的目的也是为我们自己和我们民族的文化寻找新的出路。我们的立足点始终是在民族文化的内部，不存在一个归宿感的问题。"现代性"也是在这样一个意义上被理解和运用的，凡是成功的中国现代文学作品都被纳入到"现代性"这个总体的概念中，它体现的是创新和发展，而没有一个固定的形式上的规定。但当我们从"文革"的废墟中走出，特别是进入上世纪90年代之后，我们失去了自我的现实追求目标，于是"现代化"与"西方化"等同起来。西方现成的文化成了我们的目标和榜样。在中国现代文学史上具有崇高地位的现实主义、浪漫主义就与西方当代的现代主义、后现代主义有了明显的差别，前者不再是"现代的"，而后者才具有真正的"现代性"。这同时也是我们放弃"现代性"的原因，因为在西方文化中，"后现代性"恰恰是对"现代性"的解构。这是一条西方的"竿儿"，当我们顺着这条"竿儿"爬到顶端的时候，我们就不能没有一种归宿感的危机。因为我们的批评标准已经不存在于中国现代文学的内部，甚至也不是我们自己的审美感受形式，而是一些外部形式的规定。在这些规定面前，我们感受中的最杰出的中国现代文学作品都不符合我们的理性标准，而符合我们的理性标准的又未必是我们感受中的杰出的文学作品。西方当代的消费文化理论将中国近现代鸳鸯蝴蝶派的小说推到了"后现代"的舞台上，但它们真的体现了中国文学的创新与发展吗？显而易见，正是因为我们在西方这个"竿儿"上没有发现自己的稳固的立足地，所以我们才把这个"竿儿"留给了当代文学，而重新返回到我们民族文化的内部来，但到了这里，我们又是依靠"反传统"起家的。前些年的中国现代文学研究，总是带有一种在西方文化面前自愧不如的情绪，近些年的中国现代文学研究，又总是带有向中国古代文化忏悔的意味。至少我的感受是如此。

　　在这里，我想提出这样一个尖锐的问题：我们的研究对象，我们的中国现代文化、中国现代文学、中国现代知识分子，真的像我们想象的那样乏善可陈、不足挂齿、在西方文化和中国古代文化面前羞愧难当吗？我认为，只要抛开所有的所谓"理论"，直接面对历史本身，我们可以清清楚楚地感到：中国的20世纪是一个空前伟大的世纪，20世纪的中国文化是一种空前伟大的文化，20世纪的中国文学是一种空前伟大的文学。正是在20世纪，中国文化完成了一个极其危险、极其艰难、也极其伟大的转变，完成了一个从春秋战国以来中国文化的最伟大的转变。这是一个有着几千年的文化传统、有着占世界四分之一人口的庞大民族在面临如狼似虎的西方帝国主义的武装侵略时不能不实现的转变，是一个民族在现在和未来的生存和发展的过程中不能不首先实现的转变。在这个转变的过程中，我们的国家没有被灭亡，我们的文化没有被埋葬，我们的语言没有被遗忘，我们的感受能力没有被窒息，我们的思想能力没有被扼杀，我们没有必要像美洲的黑人、印地安人一样在自己的文化消失了几个世纪之后再去寻找自己的民族文化之"根"。我们的"根"依然在我们的现实生活中。这个文化的转变不是在全体民众一致同意的情况下通过举手表决一次性实现的，不是通过全体中国知识分子的共同谋划、共同努力有计划、按步骤地实现的，甚至也不是依靠所有首先具有了世界知识的外国留学生的集体意志、团结奋斗而较为顺利地实现的，而是通过极少数有正义感、有责任心、有首创精神、有追求意志的知识分子的前赴后继、艰苦卓绝的努力而实现的。这个文化的转变在更大程度上首先是文学的转变，五四新文化运动在更大程度上是一个文学革新

"新国学"与中国现代文学研究

的运动，中国现代文学所体现出来的文化精神几乎就是这个文化转变的基本精神，这使中国首先产生了一个足以与当时世界各国的杰出文学家相媲美的文学家鲁迅，一个不论在哲理的深度还是在艺术创新的能力上都不亚于萧伯纳、罗曼·罗兰、高尔基、德莱塞、夏目漱石等世界级作家的文学家鲁迅。几乎只有中国，一个从中世纪向近现代文化转变的伟大文化运动是发生在一座大学的校园之内的，并且是发生在这座大学的文学院之内的。我们有什么必要为中国现代知识分子、为中国现代文学感到羞愧呢？在这里，我们必须追问自己，我们的羞愧情绪到底是从哪里产生出来的呢？不难看到，我们对五四新文化运动的失望情绪恰恰是在上世纪90年代之后才郁结成"瘤"、汇流成"潮"的。在这时，发生了变化的难道是作为历史事实的"五四"吗？难道是作为思想家、文学家的鲁迅的作品吗？我们发现了哪些前代人所不了解的重要史料而导致了我们对五四新文化运动、对鲁迅的整体感受的改变呢？没有！实际上，历史并没有改变，发生了改变的恰恰是我们自己，是我们自己在经历了中国社会历史的巨变之后已经找不到自我人生的目的和方向，已经找不到自己研究活动的价值和意义，或者明明知道其价值和意义之所在而已经没有力量去争取、去获得。在这时，也只有在这时，我们希望感受和理解的已经不是那些为了实现这样一个伟大的转变而挣扎过、反抗过因而也失败过、痛苦过的中国现代知识分子、中国现代的文学家，西方文化及其在西方社会所表现出来的价值和意义在我们这里再也不是为了我们自己的挣扎与反抗，再也不是为了我们民族文化自身的革新与创造，而是暂时填补了我们对自己文化活动价值和意义感觉的缺失和不足。不论是"现代性"还是"后现代性"，不论是"西化"还是"寻根"，不论是"前"殖民主义还是"后"殖民主义，又有哪个不是从西方文化中"引进"的呢？但"引进"之后却不是为了说明中国现代知识分子为了自己的独立和解放而进行的挣扎与反抗，而是为了消解他们挣扎与反抗的意义，为了给那些未曾挣扎和反抗过的人们增加一点文化的亮度和色彩。我们自身已经没有挣扎、反抗的力量，所以当"国学"在中国重新"热"起来之后，我们中国现代文学学科的腰板就硬不起来了。在过去，我们从来没有怀疑过中国现代文化研究作为整个中国文化研究的一个独立学科、中国现代文学研究作为整个中国文学研究的一个独立学科的地位和意义，但现在，我们好像一个失去了贞操的妇女被抛在了"国学"之外，甚至连我们自己都觉得五四新文化运动丢了中国文化的脸，是西方殖民主义或后殖民主义文化的产物。

　　显而易见，在当前，我们几乎面临着五四新文化运动发生之时及其之后所遭遇到的所有的指斥或质问。但是，我们还能不能重新回到五四新文化运动的立场上去？我们还能不能重新发动一场反对"旧文化"、提倡"新文化"，反对"旧道德"、提倡"新道德"，反对"文言文"、提倡"白话文"的新文化运动呢？显而易见，不能了！这个不能，不是因为五四新文化运动是一次"错误"的文化运动，而是因为它已经实现了中国文化的一个伟大的转变，已经实现了中国文化对世界各国文化的开放，已经实现了从文言文到白话文的革新，已经完成了中国现代文学文体形式的变革，中国的教育也完成了从古代的私塾教育向现代学校教育的根本的转变。这个转变已经是一个不可逆的。也正因为如此，我们现在所遇到的所有问题，归根到底都只是中国当代文化、当代学术和当代文学如何才能得到更加健康、更加迅速、更加深入发展的问题。在这个总体的文化目标之前，它与其他所有学科都处在一个平等的地位上，而不是中国现代文学研究这一个学科的任务和追求的目标。与此同时，五四新文化运动和现代教育的发展，从根本上改变了每一个中国知识分子的知识结构，中国社会已经不存在一个只有中国古代文化知识而对外国文化知识、中国现当代文化知识一无所知的知识分子，当然也不存在只有中国现代文化知识而对中国古代文化、外国文化一无所知的知识分子。不同的学科只是研究对象的不同，但对任何一个对象的研究都应是在一个大致相同的整体知识背景下进行的。也就是说，中国古代文化研究学科没有绝对排斥中国现代文学学科的理由和能力，我们也没有绝对排斥中国古代文化学科的理由和能力，这同"五四"那些文化、文学的革新者受到整个中国固有文化传统的压迫而他们也必须反抗这种压迫、创造一种与中国固有文化传统截然不同的新文化、新文学的情况已经有了根本的不同。在这里，存在的是中国现代文学学科在整个中国现代学术中的平等地位的问题，而不是抹煞其他学科的作用和意义而独霸文坛的问题。正是在这种情况下，我想到了中国现代文学学科与"国学"这个学术概念的关系的问题。

显而易见，"国学"这个概念之所以在中国学术界得到广泛的认同，是有其内在原因的，即当我们面临西方各发达国家的文化和学术的时候，中国文化和中国学术还是不是一个独立的整体？还有没有以及应不应该有自己在整体上的独立品格？也就是说，在经济"全球化"的大潮中中国文化要不要、会不会"全盘西化"？"国学"这个概念简明而又鲜明地回答了这个问题，同时也标志着中国知识分子不屈服于西方文化霸权而坚持自己独立性的内在愿望。这里的问题仅仅在于：早在20世纪初年便已形成的"国学"这个学术概念，还能不能完全适应当前的需要、其中也包括中国现代文学学科应不应该被排斥在"国学"这个学术概念之外？在这里，还包含着关于"国学"、关于"中国文化"这样一个至关重要的根本观念，即我们现在还能不能将"国学"、将"中国文化"理解为与"西学"、与"西方文化"毫无瓜葛的两个绝缘体？二者的不同是整体上的不同，还是所有的构成成分都不相同？中国现代文学研究者不应当绝对地排斥这个学术概念，而应当对这个学术概念做出新的阐释、新的理解和新的把握——这就是我要提出"新国学"这个学术概念的理由。

既然中国现代文学学科应该包括在"国学"这个整体的学术概念之内，那么，我们就不能不想到，所有那些至今被排斥在"国学"这个学术概念之外的同时又属于中国当代学术系统之内的学科也应当在"国学"这个学术概念之内占有自己应有的位置。所有中国现代文化的学科、中国现代的科技文化、中国现代的翻译文化、中国对外国文化和外国文学的研究，分明都在中国当代学术中发挥了和正在发挥着自己的独立作用，它们不包括在我们的"国学"中又能包括在哪个国家的"国学"中？中国是一个多民族的国家，除了汉文化之外，对于各个少数民族文化和文学的研究，不论是用汉文写的，还是用少数民族文字写的，也应该视为"国学"的有机组成部分；台、港、澳地区以及用中华民族的民族语言进行创作的海外华人文化与华人文学，在中国现当代文化的发展过程中都起到了不可忽视的重要作用，并且体现了中华民族文化的世界影响的扩大，我们没有任何理由将其排斥在"国学"之外；中国当代文化和当代文学是一种正在生成、正在变化中的文化与文学，不论在这个过程中还会发生何种曲折、遇到何种困难，但都体现着中国文化绝不只是一个凝固不变的整体，更不只是一个万古不变的抽象观念。它是一个生生不息的结构整体，是一个需要世世代代的中国知识分子反复进行研究的对象，绝不会在任何一代知识分子那里得出一个最终的结论并从此再也不需要对它进行认真细致的研究。"国学"是个活体，不是也不应当是一具僵尸。有人会说，这样的"新国学"不就成了一个无边无沿的概念了吗？那它又有什么实际的意义呢？实际上，"国学"就应当是一个包括中华民族古往今来所有文化现象的研究及其成果的概念，小了，就不是"国学"了，就有了排他性了，就将一些学术门类排斥在中国学术之外了。那么，它还有没有意义呢？我认为，它的意义就是要我们每个研究者都有一个较为明确的整体观念，都要将自己的研究活动纳入到整个中华民族的学术及其发展中意识其价值和意义，既不要将自己或部分人的研究活动视为中华民族学术的整体——"一手遮天"，也不必因为自己只是这个整体的组成成分而自惭形秽，泯灭自己的个性。中国现代文化和中国现代文学是一个革命时代的文化与文学，是由旧蜕新时代的文化与文学，这是它的独立性，也是它对中国文化的独立贡献，只有在"国学"这个整体中意识它的独立性，才能够既不扭曲自己，又能够意识到它在整个中国文化发展的独立意义和价值。它不等于整体，但却是整体的一个有机组成部分。

"新国学"不是一个永久性的概念，当我们都以这样的观念理解"国学"的时候，"新国学"这个概念就没有实际存在的必要了。到那时，只有"国学"，而没有"新国学"。

原载《文艺研究》2007年第3期

新国学·文化的华文文学·汉语新文学

一、从"新国学"出发，论证"汉语新文学"的合理性及其价值和意义

"国学"这个概念是在西方文化输入中国，为了将中国学术与西方学术区分开来而提出的一个学术概念。它以自己的方式将在中国古代历史上所产生并发展的全部高雅的文化及其研究成果涵盖于自己的内部，以显示中国古代学术与西方学术在整体上的不同，这是对中国古代文化及其研究成果的一种综合形式，也为五四新文化运动之后中国古代文化研究的继续深入发展奠定了思想的基础。五四新文化运动之后的中国古代文化研究的许多成果，包括胡适、顾颉刚等在新文化运动中登上学术舞台的知识分子的中国古代文化研究成果，仍然是依托在这个学术概念的基础上发展起来的。1949年之后，由于马克思列宁主义、毛泽东思想被确立为中华人民共和国的指导思想，成为国家意识形态的主体架构，包括中国古代文化研究的全部学术活动都是被纳入到马克思列宁主义、毛泽东思想的指导下来进行的，所以"国学"这个学术概念也失去了存在的基础，被大陆学术界所放弃。"国学"这个学术概念在中国重新出现，是在时隔三十余年之后的上世纪80年代，在这时，中国古代文化的研究重新复苏并走向繁荣，在部分中国古代文化研究学者的努力下，"国学"这个学术概念重新得到中国学术界的认可和运用，并迅速成为中国学术界的核心学术概念之一。

但是，当"国学"这个学术概念在中国重新得到重视和运用的时候，中国的新文化也已经有了近一个世纪的发展历史，中国新文化及其研究成果同样成了整个中国文化传统的一个不可分割的组成部分，仅仅建基于中国古代文化及其研究成果的"国学"概念已经无法涵盖中国文化及其研究成果的全部，并且它越来越表现出以国家意识形态自居、一家独大、目空一切的偏执性特征，各种贬低"五四"以来新文化成果的论调也在这个概念的卵翼下相继出现。与此同时，经过一个世纪的发展，中国的新文化传统也早已度过了自己的革命期，在五四新文化运动过程中所不能不使用的"旧文化—新文化"这种二元对立的文化模式也已经不完全适用于当前以及以后的中国文化研究的需要，将迄今为止的中国文化视为一个动态的、连续的、在积淀过程中创造、在创造过程中积淀的发展过程成为每一个中国文化研究者的中国文化观念的主要的也是必要的构成形式。面对这种变化了的学术现状，我在《"新国学"论纲》中提出应当重新界定"国学"这个学术概念，以使之成为真正体现中国学术整体面貌的一个学术概念，成为中国学术的一个"道"体，既将中国古代文化及其研究成果涵盖在这个整体性的概念之中，也将中国现当代文化及其研究成果涵盖于其中，成为一个动态的发展的文化结构，并为其未来的发展留下充分的空间。为了与过往"国学"这个概念相区分，我称这个重新被界定了的"国学"为"新国学"。

在重新界定"国学"这个概念的时候，我提出了"民族语言"和"国家"这两个构成要素。从"国家"的角度看，中国是一个多民族的国家，除了汉文化之外，各少数民族的文化及其研究成果也应纳入到新的"国学"概念之中来。这里还有一个中国雅文化与俗文化的关系问题。章太炎等民国学人在建构"国学"这个概念之初，是将俗文化排斥在外的，"新国学"应当将古今俗文化及其研究成果视为中国学术的一个有机构成成分，既不无限夸大它的作用，也不能无视它在中国文化发展中的作用和意义。从"民族语言"的角度看，我认为像翻译文化、台港澳地区文化、海外华文文化这些以民族语言为载体的文化，至少在其直接流通的可能性上与中国文化是具有一体性的，所以也应视为"国学"的一个有机构成成分。正是在这里，我所倡导的"新国学"与朱寿桐先生倡导的"汉语新文学"有了相互沟通的可能性。朱寿桐先生用"汉语"这种语言要素，将大陆新文学、台港澳地区新文学和世界各地的华文文学整合起来，构成了"汉语新文学"这个学术概念，并作为一个超越于中国现代文学、中国当代文学、台港澳地区文学、海外华文文学这些更加零碎的划分形式之上的一个更具整体性的新文学概念。我对此是表示同意的，并且认为它符合当前中国新文学研究的整体发展趋势，既具有理论的意义，也具有实践的价值。

  "汉语新文学"这个学术概念的理论意义可以从各种不同的角度进行论证。仅从我所倡导的"新国学"这个学术概念的角度，我认为至少有下列几点是值得重视的。其一，"汉语新文学"这个学术概念赋予我们在"汉语文学"这个整体的文学概念中感受和理解五四新文化运动之后的汉语白话文学的可能，从而将"汉语旧文学"与"汉语新文学"作为"汉语文学"的两个有机构成部分而消解了二者在二元对立思维形式之下的绝对排他的性质，在时间的纬度既将二者作为连续性的同一的文学发展历史过程，而"变化"则是贯穿于这个文学过程始终的基本特征，也将二者作为前后继起的两种不同的文学形态，汉语文字载体自身的变化则是赋予这两种文学形态不同特征的基本因素；在空间的纬度上既将二者作为现实共时性存在的可供阅读和研究的文学对象，"文学性"则是所有这两种文学形态存在的主要根据，也将二者区分为两种不同的阅读对象和研究领域，文学特征的不同则是使二者相互区分的主要标志。所有这一切，在"汉语新文学"这个学术概念中都成为自然而然的观念，而在固有的"国学"概念以及"新文学—旧文学"二元对立的观念中，这些都曾是纠缠不清的理论问题。其二，"汉语新文学"这个学术概念还从一个方面向我们暗示了关于中华文化的这样一种理解形式，即中华文化从来没有、也不可能有一个永远不变的本质，它在时间上是无限延展的，在空间上也是能够以溢出的形式向四面飞溅的（海外华文文学就是中国文学以溢出的形式向世界各地飞溅的结果）。不论是在时间上的延展，还是在空间中的飞溅，都不只是量的积累，而是新质的生成。彼此之间的差别是质的差别，而不仅仅是形式的差别。在这个意义上，我们能够更清楚地看到，中华文化更是一种现象性的存在，是在时间上有着连续性、在空间上有着关联性的大量文化现象。一个在美国出生、在美国长大的美籍人用汉语创作的文学作品，之所以可以纳入到华文文学这个整体的文学概念中来，不是因为我们能够断定它在"质地"上更属于中国而不更属于美国，而是它作为一种文化现象就是与大量中华文化现象基本相同的，而与大量英美文化现象迥然不同。循此现象，我们就一定能够发现它与其他中华文化现象在时间上的连续性和在空间上的关联性。他之所以能够运用汉语写作，很可能他的前人曾是中国人，是我们现在称之为美籍华人的人，他有在汉语语言环境中生活的经历，阅读过汉语文学作品，所有这些都是一些具有连续性的文化现象，而他的文学作品一旦产生出来，就与其他汉语文学作品发生了联系，并且被懂汉语的人所阅读，在空间上与其他中华文化现象有了关联性。在过去的文化研究中，我们总想为中华文化规定一个永恒不变的质，"汉语新文学"这个学术概念的建立，使这种本质主义的中华文化观再也不能自圆其说。这将孕育着中国知识分子中华文化观的根本变化。其三，我们说"汉语新文学"观念的建立，将孕育着中国知识分子中华文化观的根本变化，其根本原因在于这个学术概念本身就是在全球化语境的生成和发展过程中产生的一个具有跨越国界性质的学术概念，它的范围已经不局限在中国这个国家的境域之内，而是一个跨越了国境的学术概念。一旦将海外华文文化同中国国境内的文化组织在同样一个文化概念之内，并且作为中华文化的一个有机组成部分，我们就必须对我们固有的文化观念进行一系列的调整。

我曾反复强调，我所倡导的"新国学"，"不是一个学术研究的方法论，不是一个学术研究的指导方向，也不是一个学术流派和学术团体的旗帜和口号，而只是有关中国学术的观念"[①]。也就是说，作为学术观念的"新国学"不具有具体的可操作性，因而也不具有直接的实践价值和意义。朱寿桐先生倡导的"汉语新文学"则不同了，它不但孕育着新的

[①] 王富仁：《"新国学"论纲》，载《新国学研究》第1辑，人民文学出版社，2005，第159页。

理论开拓的可能性，同时也有更直接的实践价值，具有建构一种新的学科的意义，并且直接孕育着一种新的文学史类型的产生。现已由广东省出版集团、广东人民出版社出版的由朱寿桐先生主编的《汉语新文学通史》就是一个有力的证明。

二、朱寿桐先生在论证"汉语新文学"过程中所存在的一些问题

如上所述，对于朱寿桐先生所倡导的"汉语新文学"这个学术概念我是赞同的，并且认为它在某种意义上体现了汉语文学研究的一种新的方向，在理论上和在实践上都有重要的存在价值和意义，是值得我们重视的。但是，我认为朱寿桐先生对"汉语新文学"这个学术概念的论证，还有一些令人难以苟同的地方。

朱寿桐先生在界定"汉语新文学"这个学术概念的时候，主要强调了"汉语"这种语言形态，将其视为主要的构成性要素，这无疑是正确的，这正是我在上文所说的中华文化向来不是一种永恒不变的本质性的规定，而是在时间上具有连续性和在空间上具有关联性的大量文化现象，"汉语"就是将"汉语新文学"联系为一个整体的主要构成性要素。但是，当朱寿桐先生以此作为否定"国族意识"在学科分类中的作用和意义，并对现行的中国现代文学、中国当代文学、台港澳地区文学、海外华文文学的学科分类的意义做了近似笼统的否定，甚至将五四文学革命也仅仅归结为白话文变革的时候，情况就有些不同了。这里有一个"汉语"与"新文学"的关系问题，也有一个"国族意识"与"文化共同体意识"的关系问题。在谈到"汉语新文学"这个学术概念的意义时，朱寿桐先生说："汉语新文学超越于国家和区域的整体性发展，需要学术界在重新认知汉语与新文学之间紧密关系的前提下，突破现有的各种以国家意识形态为基本范畴的概念体系，建构或还原到以语言为本位的概念体系，实事求是地承认并使用'汉语新文学'的学术概念和学科名称。这一概念准确、全面地反映了汉语新文学整体发展的基本状貌，弥平了由国家板块、政治疏离和地域分布带来的各种人为裂痕与人造鸿沟，在内涵与外延明确统一的学术前提下建构起和谐、整一、协调

发展的汉语新文学学科,使得这一学科能够超越政治板块和地域分割,挣脱各种政治变数的制约,在未来的学术研究领域获得科学而稳定的发展空间。"①在谈到"汉语新文学"与过往的一些文学史概念的关系时,朱寿桐先生说:"汉语新文学作为学术概念和学科名称的确立或运用,简洁明快地克服了原先各种概念和名称的混乱、夹缠和模糊,实事求是地弱化了原先习用的国族文学概念所必然带有的意识形态预期以及由此引起的政治困扰,为这门学术和学科的未来发展争取了更多的理论空间。"②显而易见,在所有这些论述中,朱寿桐先生都将作为"汉语新文学"这个语言概念本身的力量绝对化了,同时也将"汉语"这种语种的价值和意义绝对化了,从而为他的"汉语新文学"这个学术概念罩上了一层语言决定论的阴影,这反转来也影响到他对五四新文学革命的看法。他认为,"文学研究界不习惯于从语言本体看待新文学的诞生与新文学运动,导致了这样一个严重的历史事实被长期遮蔽:在文学革命的一系列论争之中,'新旧'两派的冲突其实更多地聚焦于废除文言的语言策略而不是开放的和现代性的思想文化观念"③。

在这里,我认为关键的问题不是如何看待语言决定论的得与失,而是朱寿桐先生将"汉语"这个"汉语新文学"的构成性因素直接当作"汉语新文学"的本体性内涵进行论述。如前所述,"汉语"作为"汉语新文学"的构成性因素只是现象的、形式的,而"新文学"才是"汉语新文学"的本体和内涵,这正像"黄"是"黄种人"的形貌特征,而"人"才是"黄种人"的本体一样。"汉语新文学"的主词是"文学",而不是"汉语",所以"汉语新文学"的理论基础也应放在文学观上,而不应放在语言观上。实际上,"文学"是不等同于"语言"的,语言学

---

①朱寿桐:《汉语新文学概念建构的理论优势与实践价值》,载《汉语新文学通史》上卷,广东人民出版社,2010,第18页。
②朱寿桐:《汉语新文学概念建构的理论优势与实践价值》,载《汉语新文学通史》上卷,第21页。
③朱寿桐:《汉语新文学概念建构的理论优势与实践价值》,载《汉语新文学通史》上卷,第16页。

意义上的"语言"是由其抽象的形式特征所规定的，汉语与英语的不同是语言文字符号系统和一系列语法规则的不同，而不是所表达的意蕴和情感情绪色彩的不同，前者对后者有影响，但这种影响不是绝对的，而是相对的，每一种语言都是在不断克服自身的局限性而向更充分地发掘自身的内在潜力的过程中发生缓慢而切实的内部变化的，但我们却永远不能以这种不断变化着的内涵说明这种语言的性质和特征。"文学"则不同。在语言学的意义上，"文学"不是"语言"，而更属于"言语"。"言语"是用于交流的，这种交流是在同样一种语种的语言环境中进行的，但同时也是在一个文化共同体中进行的。不同的文化共同体，有不同的交流方式，相同的语言形式可以具有完全不同的情感和情绪的色彩，表达不同的意蕴。一个文化共同体，不是仅仅由文学构成的，还有政治、经济、文化等多种复杂的因素，这使不同的文化共同体是各自独立的，正像不同经济共同体之间的货币必须进行兑换、没有直接流通的可能一样。不同文化共同体的文学，实际是处在不同时空结构中的文学，其意义和价值是在不同的时空结构中取得的，其交流也不是直接的，必须首先感受到它在自己的文化共同体中的价值和意义，而后才能同其他文化共同体中的文学作品进行平面的比较和研究。柳青的小说可以和浩然的小说进行直接的比较和分析，因为它们处于同样一个时空结构之中，我们甚至可以对柳青的小说和路遥的小说进行直接的比较和分析而看出中国大陆文学的演变和发展过程，但要对柳青的小说、金庸的小说、白先勇的小说进行比较和分析，就不能采取这种直接的手段了，就要采取有类于比较文学研究的方式了。在这里，存在的主要不是国族的问题，而是文化共同体的问题。

朱寿桐先生在论述"汉语新文学"这个学术概念存在合理性的过程中，特别强调了与"国族意识"的关系。实际上，文学创作与"国族意识"的联系向来都是极为薄弱的，只有在极其特殊的情况下（例如，那些有意写给外国人看的文学作品），"国族意识"才会实际地而不是虚幻地作用于一个作家的文学创作。这里的原因是不难理解的，因为绝大多数的文学作品，都是首先在一个国家内部的不同成员之间进行传播的，正像我们平时说话的时候不会首先想到我们说的是汉语一样，我们在进行文学创作的时候也不会首先想到我们是中国人,而不是外国人。"国族意识"构不成文学创作的主导意识。但当具体到"文化共同体"这个概念的时候,情况就不同了。一个文学家在创作的时候不会时时刻刻提醒自己是一个中国人,但他却不能不意识到他要写什么、对谁写、怎样写,而所有这一切,都是在他所实际生活着的文化共同体中产生的。越是一个杰出的文学家,越是有着十分清醒的文化共同体的意识。也就是说,"汉语新文学"可以超越"国族意识",但却不能超越"文化共同体意识"。我们必须在"汉语新文学"这个总体的学术概念的基础上对不同文化共同体文学的不同的文化共同体意识做出更加清醒也更加深入的分析和判断,并实际地而不是虚幻地加强不同文化共同体之间的合作与交流,以期使"汉语新文学"不但在其形式上,也在其文化内涵上成为一个动态的、协调发展的文学的乃至文化的共同体。

只要我们不将文化共同体意识简单地归纳为"国族意识",我们就会看到,直至现在仍然流行的中国现代文学、中国当代文学、台港澳文学、海外华文文学这些分科方式,实际只是我们文化共同体意识演化发展的结果。"中国现代文学"这个学科是在中国新文学的基础上演变而来的,而中国新文学则是五四文学革命的结果。在上世纪50年代初"中国现代文学"学科在中国大陆首先建立的时候,"中国现代文学"还是称为"中国新文学"的,但当"中国新文学"作为一个独立的学科在中国高等文学教育中与"中国古代文学""外国文学"等学科并立起来,它的实际含义已经由"性质"的转化为"时间"的。在这时,"中国古代文学"是"中国古代"的"文学","中国现代文学"是"中国现代"的"文学";"中国古代文学"是不可能更名为"中国旧文学"的,因而"中国新文学"更名为"中国现代文学"就有了某种必要性和必然性。这一次更名,既与此前钱基博的"中国现代文学史"中的"现代"这个概念没有必然的联系,也与"文革"后的"现代性"的讨论没有直接的关系。它是一个时间的段落,而不是一种性质的规定。虽然在西文的翻译中很难找到对应的历史概念,但在中国知识分子的观念中却是清楚明白的,不会发生概念的纠缠和混乱。正是在"中国现代文学"这个概念在中国大陆知识分子的文学观念中有了相对确定性的内涵之后,"中国当代文学"这个概念也就有了产生的基础。上世纪50年代初得到确立的"中国新文学"是从五四新文学革命到1949年中华人民共和国成立这个历史阶段的文学，这就将1949年之后的中国大陆的文学推到了"中国当代文学"这个文学史的概念上。实际上，这时的中国大陆确实已经成了一个独立的文化共同体，这时中国大陆的文学既与"中国现代文学"的生存环境有了根本的不同，也与台港澳及海外华文文学失去了原本曾经有过的比较密切的联系，其文学创作几乎是以完全不同的形式呈现在人们面前的。与此同时，那时文学创作在数量上的增加以及创作队伍的迅速变化，也使部分研究者逐渐从中国现代文学研究中分出身来，主要跟踪当下的文学创作，对当下的文学创作及其发展趋向做出随机性的评论、分析和研究，这就有了"中国当代文学"这个学科的名称以及相应的文学研究领域。虽然"中国现代文学"和"中国当代文学"至今还被视为一个统一的"中国现当代文学"学科，但二者在研究任务、操作方式、整体特征上实际是有明显的差别的。"台港澳文学""海外华文文学"则是在"文革"结束之后改革开放的新形势下出现的新的研究领域，它分明反映着大陆文化共同体与这些不同文化共同体之间的相互接近和靠拢，其原因不仅仅是文学观念的变化，更是由政治、经济、文化等各种因素构成的整体性变化。没有文化共同体关系的这种整体变化，所有这些学科在中国大陆都是不可能产生的。直至现在，它们之间的交流加强了，但依然属于不同的文化共同体，其间的隔膜乃至对立并没有完全消失，所以这些学科各自的独立性仍然是存在的。总之，只要注意到文学与其文化共同体之间的不可分割的联系，我们就会看到，上述诸多文学史的概念实际是有其自身的明确性的，即使其中诸多的夹缠和彼此不同的理解，例如"二十世纪文学史"与"中国现代文学史""中国当代文学史"的关系，"中国现代文学史"的叙述范围等等，也可以通过对这些概念自身的分析和厘定而得到相应的解决，因此这些概念的提出并非是毫无根据的。我倒认为，它们恰恰反映着自鸦片战争以来在西方强势文化的压迫下中华文化共同体的自身裂变以及在这个裂变过程中中华文化通过自身的努力重新修复自我、在新的历史条件下找回自我的完整性的过程。这两个过程交织在一起，相互消长，这决定了鸦片战争之后中华文化共同体的多变性以及变化形态的独异性，同时也决定了近代以来中华文学的多变性以及变化形态的独异性。"汉语新文学"这个学术概念的提出标志着中国知识分子在新的历史条件下重新找回中华文学的统一性的努力，但这种努力是不可能通过对原来的分类方式的否定来实现的。我认为，与其否定原来各种分类形式的合理性，不如在承认它们的合理性的基础上逐渐探索将其有机结合为"汉语新文学"这个综合性学术概念的道路和途径，并使之逐渐成为一个独立的、有着自身内部更大和谐性的完整学科。这应该是一个长期的任务，它不但有赖于文学作家和文学研究者的长期努力，同时也有赖于各个不同文化共同体的综合性的努力。只有在这个漫长的历史过程中感受和了解"汉语新文学"这个学术概念，我们才能够更充分地认识和体验到这个学术概念的深刻的现实意义和长远的历史价值。——任何有价值的学术追求都不可能是一蹴而就的。

"汉语"与"新文学"的差别、"国族意识"与"文化共同体意识"的不同，同样反映在五四新文化运动的过程中。白话文革新在五四新文化的整体建构过程中是具有关键意义的，我们看到，鸦片战争以来中国先进知识分子的各种新的思想追求，包括孙中山的"三民主义"，五四知识分子自由、平等、科学、民主的思想主张，中国共产党人的马克思列宁主义、毛泽东思想，都是通过现代白话文才在中国社会上得到广泛传播的，甚至连洋务派的"富国强兵"的思想和维新派的改良主义思想，如果没有后来的白话文革新，在中国社会也是不可能有如此广泛的影响的。但是，严格说来，受到白话文革新直接影响的是"宣传"，而不是"文学"。"新文学"也是在白话文革新的基础上发展起来的，但只有白话文革新还不足以造成真正意义上的文学革命。"宣传"是对一种语言形式的直接运用，而"文学"则是对一种语言形式的创造性运用。没有文学家个人的创造，任何一种语言形式本身都不可能自成文学。这在五四新文化运动与五四文学革命的关系中也可以得到有力的证明。胡适、陈独秀、钱玄同都是白话文的自觉倡导者和运用者，他们都能够写出一手明白晓畅的白话文，但严格意义上的文学革命却是通过鲁迅、周作人，特别是鲁迅的文学创作成其事端的。在五四新文化运动中，胡适、陈独秀、钱玄同是其"先驱";在五四文学革命中,鲁迅、周作人是其"主将"。二者相辅相成,但却不是同样一件事情,用"文白之争"只能说明五四新文化运动,却不能完全说明五四文学革命。与此同时,五四新文学革命也向我们清楚地表明,对于一个杰出的文学作家,对于一部优秀的文学作品,"国族意识"并没有我们平时所认为的那么重要,五四文学作家是在自觉地反思乃至批判本民族国家意识形态的基础上建构起自己的文学作品的,"改造国民性"成为那个时期文学作家的无庸讳言的"目的意识",但文化共同体的意识对于他们却是不可或缺的:文化共同体意识是他们赖以感受和理解自身文学创作价值和意义的主要基础。对我们这个文化共同体没有起码的明确意识,鲁迅的《狂人日记》《阿Q正传》等绝大多数的文学作品就没有产生的可能。如果说在五四新文化运动之后的学院文化中,在现代白话文的基础上涌现了一大批西方思想的宣传家,而所有那些杰出的现代文学作品,却无一不以自己的方式显示出它们与自己所生存的这个文化共同体的"血浓于水"的关系。——五四文学革命并不完全等同于五四白话文革新。

显而易见,我所提出的所有这些问题只是朱寿桐先生在论证过程中所出现的问题,与他的"汉语新文学"这个学术概念无关,甚至也与他的基本理念无关。即使他对"国族意识"的否定,也是为了论证他的"汉语新文学"这个核心概念的合理性,而并不是真的轻视"国族意识"在"汉语新文学"中的主体性及其核心地位。大概为了消除别人对他的误解,2010年4月在澳门大学召开的汉语新文学国际学术研讨会上,他重新提供了他的另外一篇学术论文《论汉语新文学的文化归宿感》。在这篇论文中,他一反在《汉语新文学概念建构的理论优势与实践价值》一文中对"国族意识"的批评性意见,重新强调了它在"汉语新文学"中的主体和核心地位,认为"汉语新文学概念不仅不可能消解中国的主体性和核心地位,而且更强化了其在世界汉语文化中的这种主体和中心地位","对于祖国的语言文学和文化怀有明确的、深刻的甚至是难以逃避的归宿感,这是海外汉语文学家的民族心理自然而真切的表露;其中既包括着文化情感,也体现着某种文化规律。汉语文学和汉语新文学之类的概念一方面拆除了国族文学观念所必然设定的国境障壁,可以让海外汉语文学家的这种归宿感得到淋漓畅快的精神实现，另一方面也更进一步鼓励了各区域的汉语文学写作者对于汉语文化中心地的归宿心理，并会大大强化全球汉语文学对于汉语文化中心地——中国的归宿感。对于汉语新文学而言，由于其文化和文学的发祥地，以及最大读者群居地都明确在中国大陆，其文化归宿地也就无可争辩地在中国大陆聚集。于是，汉语新文学在概念表述上虽然略去了'中国'的主导语，同时也略去了'中国'概念的限制性，不过中国中心的地位反而得到了理念的加强，得到了预设性的阐示，得到了无可争辩的认同，甚至得到了切实的提倡"①。这实际上仍然是将"国族意识"作为"汉语新文学"这个学术概念的精神支柱和基础意识的。在这里，就有了一个怎样看待"汉语新文学"的理论基础的问题，亦即怎样论证"汉语新文学"这个学术概念的合理性及其不可替代的价值和意义的问题。

三、引入"文化的华文文学"概念，以补正朱寿桐先生论证过程中的不足

为了夯实"汉语新文学"这个学术概念的理论基础，为了更加充分地揭示"汉语新文学"这个学术概念所可能潜藏着的巨大理论意义和实践价值，我认为有必要引进彭志恒等先生多年以前所提出的"文化的华文文学"这个学术概念。

"文化的华文文学"这个学术概念最早是由吴奕锜、彭志恒、赵顺宏、刘俊峰四位先生联名在2002年2月26日《文艺报》所发表的《华文文学是一种独立自足的存在》一文中提出的。在当时，曾经在大陆华文文学研究界引起过广泛的讨论。2005年8月，彭志恒先生又在由花城出版社出版的专著《海外中国：华文文学和新儒学》中对"文化的华文文学"这个概念做了更加详尽的论述。彭志恒等先生将中国大陆已有的华文文学研究称为"语种的华文文学"，而将他们所倡导的华文文学研究称

---

① 引自朱寿桐在汉语新文学国际学术讨论会上提交的论文《论汉语新文学的文化归宿感》打印稿。此文经作者修订后在《学术研究》2010年第8期发表。

为"文化的华文文学"。"在我们看来,支撑目前全部华文文学研究活动的基础性观念是'语种的华文文学'。而这种'语种的华文文学'观念充其量只是一种常识化的观念,它过多地注重了华文文学作为文学现象的外部情况。即它过分地强调了后者的语言学表象,从而绕过了对其内在的本质属性的追问。这有悖于追求深度向着研究对象本身内部掘进的学术研究之天性,从而必然造成华文文学研究的困境。"[1]与他们所说的"语种的华文文学"相对立,他们提出了"文化的华文文学"。在《海外中国:华文文学和新儒学》一书中,彭志恒先生是这样论述"文化的华文文学"的:"从生命概念出发,我认为,特定时空条件下的国外华人生活是一种别样的、新型的、又自成一体的生存形态,是现象于普遍的文化视域中的、近代以来新出现的、具有自身体格的人生形式。关于这种人生形式,不管理论活动怎样地将其分析成本土中国文化的向外延伸抑或别种文化蔑视下的边缘生存,我们都不能否认,在最根本的意义上,它属于生命本来就有的一种可能性;生命如其本来的存在,生命在文化之间进行选择并进而自我建设,生命由是体现为这样的人生。由于这种人生形式具有文化的不确定性,在生存形态上具有漂泊不定、社会身份常变等特征,所以往往会被研究理智误认为没有'自身',并进而将其分割得七零八落分派给各个种类的文化。以'生命'为出发点的理论态度将澄清这个误解。在我看来,这种看上去没有文化着落的生存形态从本质上讲乃是生命自我展开的样式,生命的独立自足性决定了这种人生形式的内在统一性。国外华人生活作为自成系统的生存形态和自有体格的人生形式,其最主要也是最重要的体现就是,它拥有自己独特而又个性成熟的自我表达方式,这便是华文文学。通过这样一条超越之路,我们真正找到了华文文学作为普遍有效的文化学现象的存在根据,即华文文学是海外华人生活的以生命之自由本性为最后依据的自我表达方式。这是一种具有根本意义的观念。与过去'语种的华文文学'一统天下的情况完全不一样,在这种观念看来,华文文学的语言学表象不再是

---

[1] 吴奕锜、彭志恒、赵顺宏、刘俊峰:《华文文学是一种独立自足的存在》,载庄园编《文化的华文文学》,汕头大学出版社,2006,第10页。

最重要的了,在理论作业中它被淡化成了思维运作的背景:古色古香的方块字固然美丽、亲切,而方块字背后的灵魂(生命)更是奇迹,因而,它毫不犹豫地抛弃'语种的华文文学'以作定义的方式('用汉语写作的'云云)把握华文文学的做法,转而对华文文学进行概念式的把握,这时,作为研究活动之对象的文本主要的也不再是由汉字构筑的文体造型,而是居住或居留于世界各地的华人作家们的生命、文化、生存,以及文化学视域内的喜怒哀乐。华文文学创作,……在本质上,写的都是以那样一种生存形态获得展现的生命的丰富多彩;华文文学创作,不管它与中国文学怎样相像,与中国文化有怎样的联系,不管它怎样地被边缘化,它都是它自己,它有美丽而充满的'自身'。我们不必再为华文文学寻找家园,它的家园就是它自己。"[①]

我认为,彭志恒等先生在其具体论述上是有不够严密之处的,这突出表现在他们将"语种的华文文学"与"文化的华文文学"绝对割裂开来和对立起来,并将"文化的华文文学"作为取代"语种的华文文学"的唯一合理的定义方式。实际上,"语种的华文文学"必然是也必须是华文文学最初的也是最基本的构成形式和定义方式。试想,没有"语种"上的同一性,"华文文学"这个学术概念又是怎样建立起来的呢?所以"用汉语写作的"等等定义方式至今仍然是"华文文学"必要而又合理的定义方式("华人文学"将有另外一种定义方式,但也会包括"语种"的内容)。与此同时,当彭志恒等先生提出"文化的华文文学"这个学术概念的时候,中国大陆的华文文学研究尚处在起步阶段,尚没有任何一种统一而又明确的华文文学理论能够主导这个初创阶段的研究领域,正像萌芽中的事物必然包含着未来发展的各种不同的倾向一样,当时的华文文学研究也必然有各种复杂的因素蕴含于其间。"语种的华文文学"实际只是彭志恒等先生自己概括出来的一个学术概念,但他们却将当时所有的研究活动及其成果全部涵盖于其中并随之进行了整体上的否定,这种概括方式和否定方式显然是不够合理的,因而也理所当然地引起当时对

[①] 彭志恒:《海外中国:华文文学和新儒家》,花城出版社,2005,第24—25页。

华文文学这个学术研究领域具有筚路蓝缕开创之功的诸多学术前辈的强烈反弹。但尽管如此，我认为他们提出的"文化的华文文学"这个学术概念以及他们对这个学术概念的理论阐述还是具有关键的意义和价值的。

如上所述，我们不能否定"语种的华文文学"是一种合理的并且是基本的定义方式，但它却是构成性的，而这种构成性的因素对于华文文学主要是现象上的、形式上的联系，并不体现华文文学的本体论意义及其特征。不难看出，如果仅仅按照"语种"这种构成性的要素，海外华文文学与大陆中国文学构成的就是现象上的、形式上的联系，这种联系呈现的必然是由大陆中国文学向海外华文文学的辐射形式，而这种辐射形式，在任何一个确定的方向上，都同时存在两种截然不同的描述方式和阐释方式。其一是"源"与"流""本"与"末"的关系。大陆中国文学为"源"、为"本"，海外华文文学为"流"、为"末"；"流"与"末"的存在意义和价值是由"源"与"本"赋予的。越是接近"源"与"本"，"流"与"末"的价值和意义越是显在的；越是远离"源"与"本"，"流"与"末"的价值和意义越是暧昧不明的。如果从"流"与"末"中已经感觉不出"源"与"本"的影响来，"流"与"末"的价值和意义就不复存在了，有的甚至还会走向自己的反面，成为中华文化的叛徒。显而易见，这样一种描述方式和阐释方式，如果纳入到朱寿桐先生所倡导的"汉语新文学"这个整体的文学构图中，就一定是一幅扭曲了的汉语新文学的构图，是为有成就的海外华文文学作家所难以认同的，甚至是难以忍受的。其二是传统与现代、落后与先进的进化关系。从五四新文化运动以来，文化、文学的进化论观念在以胡适为代表的西化派知识分子的倡导下，在中国大陆知识分子中产生了至今未泯的广泛而深入的影响，这在具体描述文化、文学的历史的时候，就是将在后的文化与文学现象描述为在前的文化与文学现象的进化、发展的结果，越是后来的文化与文学，越是先进的；越是在前的文化与文学，越是落后的乃至腐朽的。当将这种观念运用到大陆中国文学与海外华文文学的关系之中时，就产生先入为主的海外华文文学较之中国大陆文学更加进化、更加进步的观念，因为海外华文文学在理念上就是继中国大陆文学而起的后续性的文学，并且与当代西方文化和西方文学有着更加直接的接触和更加切近的关系。实际上，这种描述方式和阐释方式从中国大陆华文文学研究起步之时，就与当时的西方化思潮合流，严重影响了青年一代对中国文学的感受和理解，如果将其直接带入朱寿桐先生倡导的"汉语新文学"这个整体的文学构图中，同样会破坏这个构图的和谐性与合理性。所以，"语种的华文文学"对于华文文学是一种构成性的定义形式，但却不是华文文学的本体论形态和华文文学研究的理论形态。

如果在这个意义上感受和理解彭志恒等先生倡导的"文化的华文文学"，我们就会知道，它实际向我们提供了一种感受和理解华文文学的最基本的理论形式。我们可以从各种不同的角度研究海外华文文学，但首先要将海外华文文学作为一种"独立自足的存在"。我们不能将海外华文文学视为任何另外一种文学形态的附庸和衍生品，我们对它的研究就是对它的研究，就是为了更加深入细致地感受到它的存在及其存在的价值和意义，既不是为了证明大陆中国文化和中国文学的正确与伟大，也不是为了证明西方文化和西方文学的文明和进步。它之所以是"独立自足的存在"，就是因为海外华人的生活本身就是"自成一体的生存形态"，他们既不完全等同于中国大陆的现住民，也不完全等同于居留国的原住民。而华文文学就是他们这种"自成一体的生存形态"的"独特而又个性成熟的自我表达方式"。不难看出，只有在彭志恒等先生倡导的这种"文化的华文文学"的观念中描述和阐释出来的华文文学，才是具有本体论意义的华文文学，当将这种华文文学与中国大陆文学组合成朱寿桐先生倡导的"汉语新文学"的整体画面时，才有可能是和谐而又统一的，才有立体感。朱寿桐先生曾经力图通过"汉语"这个"语种"的因素超越"国族意识"的障碍而将"汉语新文学"这个跨越国界的文学画图描绘出来，但由于他既消解了文学的"国族意识"，也消解了文学的"文化共同体意识"，因而也失去了对于文学本体的透视力度，而当他企图重新找回"汉语新文学"的本体意义和价值的时候，他又不自觉地回到"国族意识"的基础上来，从而也失去了"汉语新文学"原本应该具有的超越国界的能力。我认为，彭志恒等先生倡导的"文化的华文文学"恰恰可以弥补朱寿桐先生在"汉语新文学"论证过程中的某些不足，并赋予"汉语新文学"这个学术概念以坚实的理论基础。

学科的分类，不同学科的教科书的编写，归根到底是服务于这个学科的知识的传承和教育的。朱寿桐先生倡导的"汉语新文学"也是这样。同是用"汉语"写作的文学作品，原本是可以被懂汉语的读者直接进行阅读和接受的，不像用外语写作的文学作品那样必须经过翻译。将"汉语新文学"作为一个统一的学科，将"汉语新文学史"作为"汉语新文学"的综合的历史，有利于在更加充分的范围内选择作品，将具有各种不同的典范意义的汉语新文学作品在其内部的有机联系中介绍给读者或文学专业的学生，更有效地提高他们的汉语新文学的知识水平和欣赏汉语新文学作品的能力，从而逐渐汰除掉那些已经不具有阅读价值的质量低劣的文学作品。但在过去，由于汉语圈内各个不同文化共同体之间的隔离和隔膜，使我们没有可能将其组织在一个统一的文学学科的内部，"汉语新文学"这个综合性的学术概念也没有产生的可能。所以，朱寿桐先生倡导的"汉语新文学"这个学术概念是有十分重要的意义的，在一个相当长的历史时期之内，都是我们新文学研究的方向之一。但我认为，在当前的历史条件下，它还没有完全代替中国现代文学、中国当代文学、台港澳文学、海外华文文学这些更加细碎的学科分类方式的可能，即使台港澳文学，恐怕也只是中国大陆文学研究者的一种带有强制性的综合方式，台湾文学、香港文学、澳门文学不但在迄今为止的发展过程中不是一个统一的整体，台湾文学研究者、香港文学研究者、澳门文学研究者也未必心悦诚服地接受这种综合形式。在这个过程中，各个不同文化共同体可以按照自己的需要编写各种不同的"汉语新文学史"，在充分展示本共同体的文学发展历史的过程中按照自己的需要将其他文化共同体的文学结合进来，以形成自己特定的"汉语新文学"观，经过较长时期的共同努力，逐渐将不同文化共同体的汉语新文学观统一起来，形成彼此大致相同的汉语新文学史的描述和阐释。我们必须避免将中国大陆文学研究者单方面建构起的"汉语新文学"就视为这个学术概念的真实无误的内涵。这反而不利于"汉语新文学"学科的建立以及这个学术概念的传播和确立。

原载《学术研究》2010年第8期